B. Hausmann

Albrecht Dürer's Kupferstiche, Radirungen, Holzschnitte und Zeichnungen

Unter besonderer Berücksichtigung der dazu verwandten Papiere und deren Wasserzeichen

B. Hausmann

Albrecht Dürer's Kupferstiche, Radirungen, Holzschnitte und Zeichnungen
Unter besonderer Berücksichtigung der dazu verwandten Papiere und deren Wasserzeichen

ISBN/EAN: 9783743655478

Hergestellt in Europa, USA, Kanada, Australien, Japan

Cover: Foto ©Thomas Meinert / pixelio.de

Weitere Bücher finden Sie auf **www.hansebooks.com**

Albrecht Dürer's

Kupferstiche, Radirungen, Holzschnitte und Zeichnungen,

unter besonderer Berücksichtigung der dazu verwandten Papiere und deren Wasserzeichen

vom

Oberbaurath B. Hausmann.

Mit einem Holzschnitt und acht Tafeln Abbildungen der Wasserzeichen.

Hannover.
Hahn'sche Hof-Buchhandlung.
1861.

Vorwort.

Bei dem Studio der Incunabeln und alten Drucke des fünfzehnten Jahrhunderts ist — namentlich in neuerer Zeit — eine besondere Aufmerksamkeit auf die dazu gebrauchten Papiersorten und deren Fabrikzeichen (Wasserzeichen) gerichtet, über welche die vortrefflichen Werke von Sotheby*) und anderen, sowie manche Aufsätze im Serapeum, die belehrendste Auskunft geben. Nicht gleiche Berücksichtigung hat indeß dieser Gegenstand bisher in Beziehung auf die Kupferstiche und Holzschnitte der alten Meister gefunden, und doch bieten gerade bei diesen die Papiere und deren Wasserzeichen die interessantesten Aufschlüsse dar, in Beziehung auf die für jeden Kunstfreund, besonders aber für den Sammler, wichtige Frage über die Priorität der Abdrücke.

Bekanntlich haben sich manche Kupferplatten der alten Meister, vorzüglich aber viele ihrer Holzstöcke, noch nach ihrem Tode, zum Theil durch mehrere Jahrhunderte bis auf die Neuzeit erhalten, und sind in den verschiedensten Zeiträumen abgedruckt.

Von entschiedenem Interesse muß es daher für den Kunstliebhaber sein, wenn er auch ohne die nicht immer mögliche Vergleichung mit anderen Abdrücken, schon aus den Papieren des vorliegenden Blattes beurtheilen kann, ob der Druck älter oder neuer ist.

Es kann freilich selbstredend, aus den Papieren allein, ein stets zutreffender Schluß auf die Güte des Abdrucks nicht gezogen werden, denn es kommen zuweilen, auf den ersten Papieren, in Folge häufigerer Benutzung der Platte stumpf gewordene, bei dem Druck mißrathene, oder durch spätere Behandlung verdorbene Abdrücke vor; doch wird es dem Sammler, welcher, die Papiere beachtend, Vergleiche anstellt, nicht entgehen, wie in der Regel die Güte der Abdrücke zu gewissen Papiersorten in genauer Beziehung steht.

---

*) The Typography of the fifteenth Century by Leigh Sotheby, London 1845. Principia Typographica by Leigh Sotheby, London 1858. 3. Volume.

Bei keinem der alten Meister ist aber das Studium der Papiere und deren Wasserzeichen wichtiger und belohnender, als bei Albrecht Dürer, da seine zahlreichen, von Anfang an bewunderten und beliebten Arbeiten in Abdrücken von der allerverschiedensten Güte vorhanden sind, welche in sehr von einander entfernten Zeitabschnitten, sowohl während seines Lebens, als nach seinem Tode genommen wurden, und diese Zeitabschnitte sich, zum Theil mit Entschiedenheit, nach den zu den Abdrücken gebrauchten Papiersorten bestimmen oder doch unterscheiden lassen.

Namentlich glaube ich: daß bei den von Dürer mit gedrucktem Text herausgegebenen Holzschnittfolgen, die so lange streitige Frage wegen der Priorität der Abdrücke, mit oder ohne Text, sich durch die Papiere und deren Merkmale mit Bestimmtheit lösen lässt.

Ich selbst, einer der ältesten Dürer-Sammler, denn die ersten Erwerbungen für mein gegenwärtig sehr vollständiges Werk geschahen schon im September 1806 in Paris, bin erst seit etwa sechs Jahren auf die Wichtigkeit des Studiums der Papiere aufmerksam geworden, habe aber dasselbe seitdem mit regem Eifer verfolgt und für diesen Zweck, auf wiederholten Reisen, den größten Theil der öffentlichen Sammlungen Dürer'scher Werke, in und ausserhalb Deutschlands, sowie zahlreiche Privat-Sammlungen sorgfältig durchgesehen, und gestrebt, durch Zusammenstellung der gemachten Beobachtungen zu bestimmten Resultaten zu gelangen.

Bei der Prüfung der Privat-Sammlungen, bin ich von mehreren der eifrigen und unterrichteten Besitzer derselben auf das wirksamste unterstützt, und bei den Vorständen der öffentlichen Sammlungen habe ich, fast ohne alle Ausnahme, eine so bereitwillige Zuvorkommenheit gefunden, daß ich solches nicht dankbar genug erkennen kann.

Leider hat bei einem großen Theile der öffentlichen Sammlungen, das Einkleben der Blätter in Bücher, oder das sorgfältige Befestigen derselben auf die Untersatzbogen, an allen vier Ecken, meine Bemühungen, die Wasserzeichen zu erkennen, sehr erschwert, häufig ganz unmöglich gemacht, und meine Erfolge sind daher, ungeachtet der ausserordentlich großen Zahl von mir geprüfter Abdrücke, durchaus nicht als erschöpfend zu betrachten.

Diese Ueberzeugung hätte mich vielleicht abhalten sollen, mit den Resultaten der von mir gemachten Bemerkungen jetzt schon vor die Oeffentlichkeit zu treten; doch darf man im 78sten Lebensjahre, Nichts auf kommende Zeiten verschieben, und ich hoffe, daß diese, wenn auch mangelhafte Arbeit, jüngere Kräfte veranlassen wird, sie zu vervollständigen und den interessanten Gegenstand weiter zu verfolgen.

Bei Erwähnung der einzelnen Blätter unsers Meisters habe ich indeß geglaubt, mich nicht allein auf das Papier derselben beschränken zu dürfen, da mein langjähriges Sammeln, und die Untersuchung einer so großen Menge von Abdrücken, mir Gelegenheit gegeben hat, auch andere bisher nicht beachtete Notizen zu nehmen, deren Mittheilung nicht ohne

III

Werth sein, namentlich auch zur Berichtigung mancher durch Heller und seine Nachschreiber verbreiteten Irthümer beitragen dürfte.

Ich habe dabei auch die interessanten Nachrichten des Vasari*) über die Kupferstiche und Holzschnitte Dürer's berücksichtigt, welche bisher in unsern Werken über dieselben fast gar keine Würdigung gefunden haben.

In dem dritten Abschnitt sind von mir einige Nachweisungen über die große Zahl der vorhandenen Zeichnungen und Skizzen unsers Meisters hinzugefügt, da dieselben bis jetzt weder bekannt noch beachtet genug, und doch so sehr geeignet sind, über die Entwickelung und die vielseitige Thätigkeit dieses großen Künstlers, die wichtigsten Aufschlüsse zu geben.

Auch bei diesen habe ich auf die gebrauchten Papiere und ihre Kennzeichen besondere Aufmerksamkeit verwendet, da eine Beachtung derselben es nicht selten dem Liebhaber erleichtern wird, die Originale von den zahlreichen späteren oft sehr geschickten Nachahmungen zu unterscheiden.

Um die Vergleichung zu erleichtern, habe ich von den wichtigsten Wasserzeichen Durchzeichnungen nehmen lassen und sind solche auf den angefügten Tafeln in der wirklichen Größe abgebildet. Ich muß indeß dabei bemerken, daß mehr oder mindere Abweichungen in den Formen dieser Fabrikzeichen nicht selten vorkommen. Von manchen Wasserzeichen ist es mir nicht möglich gewesen, eine genaue Durchzeichnung zu erhalten, und habe ich mich bei diesen daher, auf eine Angabe der Form derselben und die Entfernung der Drathlinien des Papiers beschränken müssen.

Bei allen vorkommenden Maßen ist der altfranzösische Zoll mit der Eintheilung in 12 Linien zur Anwendung gebracht.

*) Giorgio Vasari, Vite de' piu' eccellenti Pittori Scultori e Architetti etc. Mailänder Ausgabe, Vol. 10, wo in dem Leben Marc Anton's u. a.: ausser den wichtigsten Holzschnitten, mehr als 20 Dürer'sche Kupferstiche mit Bewunderung erwähnt und beschrieben werden.

Hannover, den 15. Mai 1861.

B. Hausmann.

Abschnitt I.

Die Kupferstiche und Radirungen Albrecht Dürer's.

Einleitung.

Die Dürer'schen Kupferstiche und Radirungen lassen sich nach Drei Haupt-Perioden eintheilen, nämlich:
1) Diejenigen, welche bis zu seiner Reise nach Venedig gearbeitet wurden, also bis gegen Ende des Jahres 1505.
2) Diejenigen aus der Zeit nach der Italienischen Reise bis zu der Reise nach den Niederlanden, vom Jahre 1507 bis 1520, und
3) Diejenigen, welche nach der Rückkunft aus den Niederlanden entstanden, vom Jahre 1521 bis 1527.

Wie sich im Allgemeinen eine Verschiedenheit der Behandlung in diesen drei Perioden wahrnehmen lässt, so tritt auch eine Verschiedenheit der in denselben zu den Abdrücken verwandten Papier-Sorten und ihrer Wasserzeichen hervor, wohlverstanden der Papier-Sorten, welche sich bei den früheren Abdrücken vorfinden, denn der Fall ist häufig: daß man von derselben Platte gute, zuweilen selbst schöne, wenn gleich später genommene Abdrücke auf Papier-Sorten einer der folgenden Perioden antrifft.

Die Haupt-Papier-Sorte der Ersten Periode hat das Wasserzeichen des Ochsenkopfes, doch kömmt auch Papier mit dem Wasserzeichen des gothischen p vor.

Papier mit dem Wasserzeichen des Ochsenkopfes findet man, in großer Verschiedenheit der Form und der Beiwerke, schon bei den ältesten Bücher-Drucken, und auch Martin Schön bediente sich desselben vorzugsweise zu seinen Kupferstichen.

Nach neueren Ermittelungen des Herrn Commissairs Gütermann in Ravensburg war der Ochsenkopf das Fabrikzeichen des von der Familie Holbain und deren Nachfolgern verfertigten Leinen-Papiers *).

---

*) Siehe die Note des Herrn Ober-Tribunal-Procurators Abel in Stuttgart in dem Correspondenzblatt des Deutschen Geschichts- und Alterthums-Vereins vom Jahre 1856, Nr. 10, pag. 95, nach welcher die Gebrüder Frick und Hans Holbain in Ravensburg im Anfange des 14. Jahrhunderts die Erfinder des Leinen-Papiers gewesen sind.

Das von Dürer zu seinen Kupferstichen benutzte Papier, mit jenem Wasserzeichen, wie solches auf den angefügten Tafeln unter Nr. 1 abgebildet ist, hat über dem Ochsenkopf einen einfachen Drathstrich mit einer 5-blättrigen Blume, unter demselben einen gleichen Strich, der mit einer dreieckigen Spitze und zwei Queerstrichen darüber endigt.

Die Masse dieses Papiers ist überaus weich und fein, es ist mit einem sehr dichten Drathsieb geschöpft und so dünn: daß man das Wasserzeichen zuweilen schon auf der Stirnseite sehen kann. Die durchlaufenden Drathstriche sind nicht stark, oft schwer wahrzunehmen; ihre Entfernung beträgt gewöhnlich 13¼ bis 14¼ Pariser Linien, doch ist solche auch etwas geringer bis 13¼, oder etwas größer bis 15 Linien.

Dieses Papier ist, seiner Feinheit wegen, sehr dem Einreißen ausgesetzt, sonst für die Schönheit der Abdrücke besonders günstig.

Bei einzelnen Stichen Dürers — jedoch nicht häufig — kommt ein Papier mit dem Ochsenkopfe vor, über welchem sich auf doppelten Drathstrichen ein Kreuz mit einer Blume darüber befindet, Nr. 2. Dieses ist bedeutend dicker als das vorher bezeichnete, pergamentartig, und die Drathstriche sind kaum bemerkbar.

Das Papier mit dem gothischen p, Nr. 3, ist ebenfalls stärker als das feine Ochsenkopf-Papier und zeigt im Gewebe eine weit weniger dichte Schöpfform, die Drathstriche sind oft nicht zu erkennen.

In der zweiten Periode findet man im Anfange, namentlich bei den kleineren Blättern, noch häufig das Papier mit dem Ochsenkopf, auch trifft man es, jedoch selten, bei einzelnen der größeren Blätter aus dieser Zeit. Bald aber, und besonders nach 1510, wird dieses durch das Papier mit dem Wasserzeichen der hohen Krone verdrängt, und verschwindet ganz bei den größeren Blättern mit dem Jahre 1513. An diese Papier mit der hohen Krone reihen sich, wiewohl nicht so häufig, Papiere mit den Wasserzeichen des Reichsapfels, eines Ankers im Kreise, und zweier mit Zinnen gekrönter Thürme, welche durch eine Mauer verbunden sind.

Das Papier mit dem Wasserzeichen der hohen Krone (auch wohl Kaiser-Krone genannt), Nr. 4, welches, zwar selten, doch namentlich bei alten Zeichnungen schon in den letzten Jahren des 15. Jahrhunderts vorkömmt, und von unserm Meister in den zu der Verwendung geeigneten Sorten besonders viel gebraucht ist, hat im Stirnreif der Krone fünf Perlen und auf dem hohen verzierten Bügel ein Kreuz. Die Masse des Papiers ist nicht so milchweiss wie bei demjenigen mit dem Ochsenkopf, sie fällt etwas ins gelbliche und ist mit einer weniger dichten Drathform geschöpft. — Das Papier ist griffiger und bei den erhaltenen Rändern gegen die Platte vorstehend.

Die Drathstriche sind sichtbar, aber in ihrem Abstande oft auf dem selben Bogen verschieden. Gewöhnlich findet man sie 13½ bis 14 Pariser Linien von einander entfernt, zuweilen nur 12½ und 13, dagegen auch 15¼ Linien, letzteres jedoch selten.

Das Papier mit dem Reichsapfel und einem fünfstrahligen Stern darüber als Wasserzeichen, Nr. 5, ist fest und hat 13½, zuweilen auch 15 Linien entfernte Drathstriche.

Dasjenige mit dem Wasserzeichen des Reichsapfels, mit einem Kreuz darüber, Nr. 6, ist besonders fest und in innerer Güte dem Kronen-Papier ähnlich, es unterscheidet sich indeß von diesem dadurch, daß der Abstand der Drathstriche nur 11½ Linien beträgt.

Das Papier mit dem Wasserzeichen des Ankers im Kreise, Nr. 7, ist nicht sehr fein von Masse, aber kernigt; die Drathstriche sind 13½ bis 14 Linien von einander entfernt.

Bei den Papieren, deren Wasserzeichen in zwei mit Zinnen versehenen Thürmen besteht, welche ein durchbrochenes Stück Mauer, mit ein oder zwei Spitzen darunter, verbindet, Nr. 8 und 9, findet man die Masse fein, wenngleich nicht immer so rein, wie bei manchen der früheren Sorten; die Entfernung der Drathstriche ist verschieden und beträgt 12, 13½, auch 14 Linien.

Das in der dritten Periode fast ausschliesslich vorherrschende Papier hat das Wasserzeichen eines kleinen Kruges mit einem Henkel.

In den allerletzten Lebensjahren Dürers kömmt noch das Wasserzeichen eines Wappens mit zwei Lilien und einer großen Krone darüber, so wie das ebenfalls mit einer Krone bedeckte Wappen von Nürnberg vor.

Das Papier mit dem Henkelkruge, Nr. 10 oder 10*, ist von einer feinen weißen Masse, nicht sehr dick, doch in sich fest. Seine Drathstriche haben eine Entfernung von 12½ bis 13¼ Pariser Linien.

Bei den ersten Abdrücken Dürer'scher Blätter findet man dasselbe vor dem Jahre 1520 nicht, dagegen kömmt es bei den späteren Abdrücken mehrerer Platten aus früheren Perioden vor, welche, wenngleich weniger kräftig als früher, der auf den Druck verwandten Sorgfalt nach, von unserm Meister selbst veranstaltet zu sein scheinen, vielleicht um den auf der Niederländischen Reise abgesetzten Vorrath zu ergänzen. — Vorzüglich trifft man es aber bei solchen Platten, deren Abdrücke früher weniger in den Handel gekommen und in dem Reise-Tagebuche unter denen auf derselben verkauften nicht verzeichnet sind.

Allgemeine Verwendung scheint dieses Papier aber nach Dürers Tode bei dem Abziehen seiner Kupferplatten aus allen Perioden gefunden zu haben, denn man findet dasselbe häufig bei Abdrücken, deren breite Papierränder erhalten sind, welche aber den früheren Abdrücken, namentlich denen auf Ochsenkopf- oder Kronen-Papier an Wärme und Frische der Farbe wesentlich nachstehen. So hatte unter anderen ein großer Theil, der durch breite Papierränder mehr, als durch die Schönheit des Drucks ausgezeichneten Blätter der im Jahre 1863 in Leipzig verkauften Ackermann'schen Sammlung, Papier mit dem Wasserzeichen des Henkelkruges.

Das Wasserzeichen des mit einer Krone bedeckten Wappenschildes mit zwei Lilien und einem gothischen b darunter, Nr. 11, ist auch in Hellers Leben und Werke Albrecht Dürers, 2. Theil, pag. 46, abgebildet. Die Drathstriche haben eine Entfernung von 11 Linien.

Das Papier mit dem Wappen von Nürnberg und einer Krone darüber, Nr. 12, welches am frühesten auf einzelnen Bogen Dürer'scher Manuscripte auf der Nürnberger Stadt-Bibliothek vorkommt, hat eine Entfernung der Drathstriche von $13^2/_4$ Linien.

Die Papiere mit dem vorbemerkten Wasserzeichen 1 bis 12 glaube ich, meinen Wahrnehmungen nach, als diejenigen bezeichnen zu dürfen, welche Albrecht Dürer in der Regel zu den von ihm selbst gemachten oder besorgten Abdrücken seiner Kupferstiche und Radirungen verwendet hat, welches indeß nicht ausschliesst: daß einzelne andere Papiere, ohne oder mit abweichenden Wasserzeichen von ihm — jedoch nur in einzelnen Fällen — gebraucht sein mögen.

Von einer Anzahl anderer Wasserzeichen, welche man in Abdrücken Dürer'scher Platten antrifft, glaube ich dagegen bestimmt behaupten zu können: daß solche Papieren angehören, welche erst nach Dürer's Tode, theilweise erst in späteren Zeiten, zu seinen Kupferstichen und Radirungen verwendet wurden.

Die vorzüglichsten davon sind:

Der stehende Hund mit gestutzten Ohren, Nr. 13. Entfernung der Drathstriche $13^1/_4$ Linien.

Zwei Thürme mit einem Mauerstück dazwischen. Nr. 14. Entfernung der Drathstriche $11^1/_2$ Linien.

Das Wappen der Stadt Sehrobenhausen in Ober-Bayern, Nr. 15. Abstand der Drathstriche 13 bis $13^1/_4$ Linien.

Das, dem der Stadt Nürnberg ähnelnde Wappen mit einem Mohrenkopfe darunter, Nr. 16. Entfernung der Drathstriche $12^1/_4$ Linien.

Der doppelte Reichsadler mit einem Thurm, Nr. 17. Entfernung der Drathstriche 12 Linien.

Das Wahrzeichen von Augsburg, der Kelch mit dem Tannzapfen (Zirbel-Nuss), Nr. 18. Abstand der Drathstriche 16 Linien.

Auch auf diesen Papieren findet man ab und an einen guten Abdruck, doch nur von einzelnen bis dahin weniger abgenutzten Platten. Einen Vergleich mit früheren frischen Abdrücken halten sie indeß nicht aus.

Die Bestimmung der Papier-Sorte des einzelnen Abdrucks bietet übrigens oft große Schwierigkeiten dar, denn in der bei weitem größeren Zahl der in den Sammlungen vorhandenen Dürer'schen Blätter ist das Wasserzeichen nicht zu sehen.

Ungeachtet der eifrigst darauf verwendeten Sorgfalt ist es mir bis jetzt bei 23 Dürer'schen Blättern nicht gelungen, ein Wasserzeichen aufzufinden, und in den vollständigsten der mir zugänglich gewesenen Sammlungen beträgt die Zahl der Abdrücke mit sichtbarem Wasserzeichen, die kleine Passion ausgenommen, nicht über Siebenunddreissig.

Wo aber das Wasserzeichen nicht sichtbar ist, entstehen große Ungewißheiten dadurch: daß die sonstigen Kennzeichen des Papiers, die Entfernung der Drathstriche und das innere Gewebe theils nicht gleich sind, theils nicht immer wahrgenommen werden können.

Bei diesen alten Papieren kömmt es vor: daß auf einzelnen Bogen die Drathstriche um 1 bis 3 Linien im Abstande verschieden, auch durch die stärkere oder geringere Anfeuchtung behuf des Drucks verändert sind; das Gewebe des Papiers aber ist durch das nur zu häufige Waschen und Bleichen der Abdrücke, oder durch scharfes Pressen, oft bis zur Unkenndlichkeit entstellt.

Daß aber in den Abdrücken so häufig kein Wasserzeichen vorhanden ist, erklärt sich daraus: daß von manchen Platten zwei, von den meisten vier auf einen Bogen gedruckt wurden. Dürer selbst unterscheidet in seinem Tagebuche der Niederländischen Reise die „Ganz Pögen," „Halb Pögen" und „Viertels Pögen". — Von ersteren war ein ganzer Bogen zu einem Abdruck erforderlich, und auf den großen Blättern findet man daher, besonders wenn sie auf Ochsenkopf-Papier gedruckt sind, in der Regel das ganze Wasserzeichen.

Bei den „Halb Pögen" konnte nur ein Abdruck von zweien das Wasserzeichen erhalten, bei den „Viertels Pögen" blieben aber jedesmal zwei Abdrücke ohne Zeichen, und zwei erhielten nur einen Theil davon, wobei das Meiste auf die Papierränder von ansehnlicher Breite fiel und mit diesen fast allgemein verloren gegangen ist.

Man sieht daher bei den kleineren Blättern, wenn sie keinen breiten Papierrand haben, vom Ochsenkopf höchstens die obere Blume oder die untere dreieckige Spitze, von der hohen Krone den Stirnreif oder das Kreuz.

Das Kronen-Papier scheint dabei von doppelter Größe gewesen zu sein, denn man trifft die großen Blätter, welche meist auf diesem Papier gedruckt sind, nicht selten ohne Wasserzeichen, jedoch auf Papier, welches den übrigen Kennzeichen nach jenem ganz gleicht. Besonders ist dieses bei den größeren Blättern aus der Periode von 1513 bis 1520 der Fall, wo das Ochsenkopf-Papier von kleinerem Format nicht mehr verwendet wurde. Man könnte veranlaßt werden zu vermuthen: daß Dürer in dieser Periode Papier-Sorten ohne Wasserzeichen gebraucht hätte, wenn man nicht bei den Holzschnitten sowohl, als bei den Handzeichnungen aus dieser Zeit fast immer Wasserzeichen fände.

Bei dem Papiere mit dem Henkelkruge kommt noch der Umstand hinzu: daß das sehr kleine Wasserzeichen sich nicht in der Mitte des Bogens, sondern an der Seite befindet, und daher häufig mit dem Papierrande verschwunden ist.

Da, wo ich auf den Abdrücken einzelner Blätter kein Wasserzeichen habe wahrnehmen können, sind von mir die Entfernungen der Drathstriche, in sofern sie sichtbar waren, angegeben, da solche immer einige Anhaltspunkte gewähren.

Im Allgemeinen kann man bei Beurtheilung der Papier-Sorten als Regel annehmen: daß die ältesten die festesten, oder doch von besonders sorgfältig gewählter Masse sind. Ihre Drathstriche haben dabei eine größere Entfernung von einander. Mit dem allmählichen Geringerwerden der Güte der Masse schwindet auch in der Regel der Abstand dieser Drathstriche, welcher von 16 Linien und darüber bis unter 11 Linien herabsinkt.

Um nun auf die einzelnen Kupferstiche und Radirungen überzugehen, so glaube ich, ohne die von Young Ottley *) und Heller **), auf eine meines Erachtens nicht glückliche Weise, versuchte Bestimmung der Priorität jedes einzelnen Blattes unternehmen zu wollen, doch — als der Ersten Periode angehörend — die folgenden 30 Blätter bezeichnen zu dürfen, bei deren Nummern ich, wie bei allen folgenden, diejenigen des Peintre Graveur von Bartsch angenommen habe, welches Handbuch in Beziehung auf Albrecht Dürer noch immer das sicherste bleibt. Dieses sind: B. Nr. 1, 2, 28, 29, 30, 34, 42, 44, 55, 56, 63, 68, 69, 75, 76, 78, 80, 81, 82, 83, 85, 86, 88, 92, 93, 94, 95, 96, 97, 101. —

Young Ottley nimmt bei seiner Ordnung der Dürer'schen Blätter für diesen ersten Zeitabschnitt eine weit größere Zahl (46 Blatt) an, da er ohne genügenden Grund alle diejenigen Stiche dahin rechnet, denen die Jahreszahl fehlt.

Dürer ist aber bei der Bezeichnung seiner Arbeiten in dieser Beziehung durchaus nicht gleichmäßig verfahren.

Wenn auch die Kupferstiche, welche er nach der Rückkunft aus den Niederlanden arbeitete, sämmtlich mit der Jahreszahl versehen sind, so geschah dieses vor der Reise dorthin keineswegs unbedingt; wie solches sich bei mehreren Kupferstichen, besonders auch durch die Bezeichnung zahlreicher Skizzen und Zeichnungen, nachweisen läßt, welche unverkennbar dieser zweiten Periode angehören. Auch der wiederholt gemachte Versuch, durch die Form des Monogramms die Zeit der Anfertigung bestimmen zu wollen, führt nur bei einigen der frühesten Blätter zu einem genügenden Resultate.

Kein Meister ist wohl so verschieden wie Dürer in der Zeichnung seiner Monogramme gewesen, welche — obwohl durch einen gewissen allgemeinen

---

*) An inquiry into the origin and early history of engraving upon copper and in wood etc. etc. by William Young Ottley. London 1816. 2 vol.
**) Das Leben und die Werke Albrecht Dürer's von Joseph Heller. 2. Band. p. 827.

Character, bei einiger Uebung sehr wohl von den häufigen Nachbildungen derselben zu unterscheiden — besonders bei seinen Zeichnungen höchst abweichend von einander sind, und häufig in Beziehung zu der mehr oder minderen Ausführung der Arbeit stehen.

Auch Heller hat in seinen ersten beiden Abtheilungen, welche den von mir angenommenen Zeitraum begreifen, 7 Blätter mehr als ich aufgeführt. Ueber einige derselben kann die Ansicht zweifelhaft sein, doch werde ich es bei den einzelnen Blättern versuchen, die Verweisung in die zweite Periode zu rechtfertigen.

Zu dieser zweiten Periode zähle ich: B. Nr. 3 bis 18, 19 bis 26, 31 bis 33, 35 bis 41, 43, 48, 50, 53, 54, 57, 58 bis 62, 64 bis 67, 70 bis 74, 77, 79, 84, 87, 89, 90, 91, 98, 99, 100, 102.

Die dritte Periode enthält nur die Kupferstiche B. 46, 47, 49, 51, 52, 103, 104, 105, 106 und 107.

Das Jahr, in welchem Albrecht Dürer zuerst in Kupfer gestochen hat, ist bis jetzt nicht ermittelt; doch muß man annehmen: daß er — als Goldschmiedslehrling, mit der Kunst in Metall zu graben, bekannt geworden — durch die vortrefflichen Kupferstiche der Meister des funfzehnten Jahrhunderts schon früh veranlaßt gewesen sein wird, sich selbst in der Kupferstecher-Kunst zu versuchen.

Da er bereits im Jahre 1498 das große Holzschnitt-Werk der Apokalypse vollendet hatte, so ist es höchst wahrscheinlich, daß einzelne Kupferstiche von ihm noch vor dieser Zeit gearbeitet sein werden, wenngleich ich auf den gewöhnlich dafür angeführten Beweis, die Jahreszahl 1497 auf dem Kupferstich der „Vier nackten Frauen", B. 75, ein zu großes Gewicht nicht legen möchte; da die Bemerkungen des Herrn Dr. Nagler über dieses Blatt, im dritten Hefte seiner Monogrammisten, pag. 168, Nr. 33, wohl beachtet zu werden verdienen.

Wenn der in dem Königlichen Kupferstich-Cabinet in Dresden vorhandene Abdruck der Bekehrung Pauli wirklich, wie der verstorbene Director Frenzel es darzuthun unternommen hat*), von einer Kupferplatte Albrecht Dürer's herrührt, so möchte dieses allerdings wohl der erste Versuch gewesen sein.

Obgleich einige Verwandtschaft dieser Bekehrung Pauli mit einzelnen Figuren und Anordnungen der Apokalypse zugegeben werden muß, auch ähnliche Reutergestalten auf einer früheren Zeichnung Dürer's vom Jahre 1489 in der Sammlung der Kunsthalle in Bremen vorkommen, so läßt doch eine gewisse widerwärtige, dem Dürer sonst nicht eigene Rohheit dieses

---

*) Die Bekehrung des Paulus von J. G. A. Frenzel. Leipzig 1854.

Blattes und die Schwäche der Landschaft, namentlich der Architectur in derselben, gerechten Zweifeln Raum.

Besonders möchte auch schwer zu erklären sein: wie die Zartheit der Kupferstiche des Meisters vom Jahre 1496 und des Martin Schongauer gar keinen Einfluß auf den angehenden Künstler ausgeübt haben sollten.

Ist diese Platte wirklich von Dürer gestochen, so muß es in sehr jungen Jahren geschehen sein, denn im Jahre 1494 bewies er sich schon in der schönen Zeichnung, durch welche er seine Aufnahme als Meister bewirkte, jetzt in der kostbaren Sammlung des Herrn E. Harzen in Hamburg, als einen Künstler von so feinem Naturgefühl und so genauem Studio des Landschaftlichen, daß er einen Stich, wie den der Bekehrung Pauli, gewiß nicht mehr gearbeitet haben würde.

Der Abdruck in Dresden ist restaurirt und aufgezogen, daher ich über das dazu verwandte Papier keine Beobachtungen zu machen im Stande gewesen bin.

Zu den frühesten Dürer'schen Stichen gehört jedenfalls auch der große Courier, B. 81, wenn er überall von der Hand unseres Meisters herrührt, worüber — wohl nicht ohne Grund — bedeutende Zweifel obwalten.

Einige Uebereinstimmung mit diesem, besonders aber mit der vorhin erwähnten Zeichnung vom Jahre 1489 hat das von Bartsch unter Nr. 92 »le Violent« genannte Blatt, welches auch ohne Monogramm ist und jedenfalls zu den Erstlingen seiner Leistungen als Kupferstecher gehört.

Der nur in Contouren angelegte Hintergrund der Landschaft und die eckige Behandlung des Strauchwerks sind Eigenthümlichkeiten, welche auf der erwähnten Zeichnung ebenfalls vorhanden sind, auf späteren Stichen Dürer's so aber nicht wieder vorkommen.

Diesem Stiche dürfte sich am nächsten, B. 44, »die heilige Familie mit dem Schmetterling« (richtiger der Heuschrecke) anschließen, welcher ebenfalls dem 15. Jahrhunderte angehören muß, da Israel von Meckem, welcher 1502 starb, davon eine Copie gestochen hat.

Der Form des Monogramms nach wird die »Liebes-Erbietung«, B. Nr. 93, etwa auf das vorstehende Blatt folgen; hier finden wir bei mancher Rohheit des Stiches doch schon eine größere Ausbildung der Landschaft und auch eine sorgfältigere Behandlung der Gesträuche.

Weiter die Priorität der einzelnen Stiche mit einiger Sicherheit zu verfolgen, halte ich für sehr schwierig, und ziehe es, besonders auch der bequemen Uebersichtlichkeit wegen, vor, meine Bemerkungen über die einzelnen Blätter nach den Nummern des Peintre graveur von Bartsch folgen zu lassen.

B. Nr. 1. Adam und Eva. 1504.

Dieses vollendete Blatt gilt mit Recht für einen der vortrefflichsten Kupferstiche unsers Meisters, wie seiner Zeit, auch hat er selbst es besonders hoch gehalten, da Abdrücke davon am häufigsten unter den zahlreichen Geschenken vorkommen, welche Albrecht Dürer — seinem Tagebuche von der Reise nach den Niederlanden zufolge — auf dieser gemacht hat.

Auf keinen seiner Kupferstiche ist indeß von ihm auch so viel Sorgfalt verwendet. — Verschiedene Federzeichnungen und Studien zu den einzelnen Theilen sind noch vorhanden und Dürer hat bei dem allmählichen Fortschreiten der Arbeit wiederholt Probedrucke von der Platte genommen, von denen noch drei Exemplare erhalten sind.

Zwei dieser unvollendeten Abdrücke, früher im Cabinet Durand, befinden sich in der Sammlung des Erzherzogs Albrecht in Wien, den dritten, aus der Sammlung Verstolck, bewahrt das Printroom des Britischen Museums.

Auf diesen Probedrücken ist die ganze Anlage des Stiches in den zartesten aber sichersten Umrissen vorhanden, während die Ausführung nur in einzelnen Theilen, weniger oder mehr fortgeschritten ist.

Dürer hat dabei von der rechten Seite der Platte nach der linken gearbeitet, zuerst den Hintergrund oben bis zur Eva, wie einige der Thiere, und die Beine des Adam von den Hüften an, nach einander, ausgeführt.

Kein Blatt von Dürer findet man so häufig wie dieses in schönen, oft vortrefflichen Abdrücken. Die aller frühesten derselben sind — neben tiefer Schwärze der Farbe — an einer besonderen Schärfe der Umrisse und der Grabstichel-Lagen erkennbar, welche letztere am Halse und der Backe der Eva fast die Harmonie beeinträchtigen, bei späteren Abdrücken dagegen immer milder werden.

Auf einem der ersten dieser Abdrücke, welcher mir vorliegt, sieht man noch die leise Spur zweier Ausgleitungen des Grabstichels, auf der linken Lende der Eva und einer auf der rechten Lende, welche später nicht mehr wahrzunehmen sind.

Höchst selten trifft man diesen Kupferstich in vollendeter Erhaltung des Papiers; selbst in den berühmtesten Sammlungen sieht man geflickte oder unterlegte Exemplare.

Diese Zerbrechlichkeit liegt unstreitig in der Feinheit des Papiers mit dem Wasserzeichen des Ochsenkopfes Nr. 1, welches ich ausschließlich bei alten Drucken dieses Blattes angetroffen habe, und ich halte diese für den hauptsächlichsten Grund, weshalb Dürer späterhin, namentlich bei seinen großen Blättern, das weit haltbarere Papier mit dem Wasserzeichen der hohen Krone zu verwenden pflegte.

Die Platte ist übrigens späterhin noch abgedruckt, denn ich habe matte Abzüge auf Papier mit dem Wasserzeichen zweier verbundener Thürme, wie einzelne recht schlechte Abdrücke des stark abgenutzten Kupfers angetroffen.

B. Nr. 2. Die Geburt Christi. 1504.

Weit seltner als das vorhergehende Blatt, ist dieser in schönen Drücken höchst malerische Stich, von Dürer als »die Weihnachten« bezeichnet und von ihm ebenfalls zu Geschenken verwandt.

Die ausgezeichneten Abdrücke haben Papier mit dem Wasserzeichen des Ochsenkopfes Nr. 1.

B. 3 bis 18. Das Leiden Christi.

Christus am Fuße des Kreuzes von den Seinen beweint, vom Jahre 1507, B. 14, ist der erste Stich, welchen Dürer nach seiner Rückkunft von Venedig gearbeitet hat, daran reihen sich die im Jahre 1508 gestochenen »Christus im Oelgarten«, und »die Gefangennehmung«, B. 4 und 5, »der Schmerzensmann« vom Jahre 1509, B. 9, »die Kreuzigung« vom Jahre 1511, B. 13, die Blätter B. 6, 7, 8, 9, 10, 11, 12, 15, 16 und 17 vom Jahre 1512, endlich B. 18 vom Jahre 1513.

Vergleicht man die einzelnen Blätter unter einander, so tritt das älteste, B. 14, wesentlich gegen die übrigen zurück, wogegen die Stiche vom Jahre 1508 mit zu den schönsten der ganzen Folge gehören, übrigens sind auch unter den Blättern vom Jahre 1512 einige, z. B. B. 7, 8 und 11, welche in malerischer Wirkung der Abdrücke gegen die übrigen zurückstehen.

Dürer hat ohne Zweifel einzelne Stiche dieser Folge verkauft, ehe das ganze Werk vollendet war, auch scheinen mehrere der Blätter, namentlich B. 3, 13 und 17, welche sich besonders zu dem damals gebräuchlichen Einlegen in die Gebetbücher eigneten, bedeutend häufiger als die übrigen abgedruckt zu sein, da in den vollständigen Exemplaren dieser Folge, auch in den sonst gleichmäßigsten, diese drei Stiche häufig matter zu sein pflegen als die übrigen. Eine Ausnahme davon macht indeß das wundervolle Exemplar in der Königlichen Kupferstich-Sammlung in Copenhagen, wo grade diese Abdrücke fast die schönsten sind.

Dieses schöne Werk, von Dürer in seinem Tagebuche „die Passion in Kupffer" genannt und für 10 Stüber (einen halben holländischen Gulden) verkauft, hat sich vielfach in guten Abdrücken bis auf unsere Zeiten erhalten, zu den Seltenheiten gehören indeß ganz gleichmäßige Exemplare.

Einzelne sehr schöne Abdrücke findet man auf Papier mit dem Wasserzeichen des Ochsenkopfes, doch habe ich bei den guten recht gleichmäßigen Abdrücken des ganzen Werkes in der Regel immer Papier mit der hohen Krone angetroffen, und glaube daher: daß diejenigen von Dürer auf seiner Reise in den Niederlanden verkauften, nach seinem Tagebuche recht zahlreichen Exemplare, auf diesem Papier abgedruckt sein werden.

Das Berliner Kupferstich-Cabinet und die vortreffliche Dürer-Sammlung des Herrn Commeter in Hamburg bewahren wohlerhaltene besonders gleichmäßige Exemplare auf Papier mit dem Wasserzeichen des Reichsapfels mit Stern, Nr. 5, doch sind solche in Farbe nicht ganz so kräftig, wie die vorhin bezeichneten auf Ochsenkopf- oder Kronen-Papier.

In anderen Sammlungen findet man auch wohl gleichmäßige aber schwächere Abdrücke, welche einer späteren Zeit angehören. So kommen auf Papieren mit dem Wasserzeichen des Kruges, Nr. 10, oder der Thürme mit Mauer, Nr. 14, ganze Folgen manchmal mit breitem Papier-Rande vor, welche aber in Kraft den früheren Abdrücken weit nachstehen. Die Platten sind überhaupt bis auf das äußerste abgenutzt worden, wie die ansehnliche Zahl völlig werthloser Abdrücke beweist, welche sich in manchen Sammlungen umhertreiben.

B. 19. Christus im Gebet im Oelgarten. 1515.

Dieses ist eine sehr häufig vorkommende Radirung, da die Platte sich bis auf die neueste Zeit erhalten hat und zuletzt im Besize von Heller war*). Die alten reinen, ganz rostfreien Abdrücke auf Papier von feiner weißer Masse mit einem Abstande der Drahtstriche von 13½ Linien oder mit dem Wasserzeichen der zwei verbundenen Thürme sind indeß selten.

Die neueren Abdrücke trifft man oft schwarz und voller Rostflecke, die Papiere derselben sind von geringer Güte.

B. 20. Der Mann der Schmerzen mit ausgebreiteten Armen.

Ein schönes, in recht kräftigen Abdrücken, sehr seltenes Blättchen, welches Heller mit Unrecht zu den früheren Arbeiten Dürer's rechnet. Es unterscheidet sich von diesen durch die sorgfältigere, durchgebildete Behandlung des Vorgrundes und ich möchte, nach der großen Uebereinstimmung in Gefühl und Ausdruck mit dem folgenden Blatte, glauben: daß es nicht früher als dieses gearbeitet sein wird.

*) Das Leben und die Werke Albrecht Dürer's von Joseph Heller. 2. Bd. pag. 300.

Der größere Theil der schönen Abdrücke ist auf Papier mit der hohen Krone, doch habe ich auch einzelne auf Ochsenkopf-Papier angetroffen.

B. 21. Der Mann der Schmerzen mit gebundenen Händen. 1512.

Dieses, durch den tiefen leidensvollen Ausdruck höchst ergreifende, mit der kalten Nadel gearbeitete, oder geritzte *) Blatt, ist in schönen Abdrücken höchst selten und kommt in voller Kraft und Wärme nur in sehr wenigen Sammlungen vor. Die besseren Abdrücke sind auf Papier mit dem Wasserzeichen des Ochsenkopfes, die späteren werden zuletzt, fast bis zur Unkenntlichkeit, matt.

B. 22. Der Mann der Schmerzen sitzend. 1515.

In ersten, ganz reinen Drucken gehört diese Radirung zu den größten Seltenheiten, ist dann aber so schön, wie eine Federzeichnung Dürer's.

Ein solches Exemplar wird dem Herrn Dr. Nagler nicht vorgelegen haben, wenn er, im dritten Hefte seiner Monogrammisten, pag. 158 und 159, dieses Blatt, verglichen mit der mit dem Monogramm und der Jahreszahl 1510 bezeichneten Copie, für eine Nachbildung, jene aber für das Original zu halten geneigt ist. Eine Vergleichung guter Abdrücke von beiden läßt, meines Erachtens, an der Ursprünglichkeit der mit der Jahreszahl 1515 bezeichneten Radirung durchaus nicht zweifeln, auch stimmt hiermit überein: daß Dürer erst nach seiner im Jahre 1515 nach Augsburg unternommenen Reise die Aetzkunst ausgeübt hat **). Die ersten Abdrücke dieser Platte sind auf sehr festem Papier, dessen Drahtstriche eine Entfernung von 13½ bis 13¾ Linien haben.

Auch von diesem Blatte, wie von der vorher bezeichneten Copie, giebt es zahlreiche spätere Abdrücke mit Rostflecken und Schmutz.

B. 23. Die Kreuzigung oder der Degenknopf.

Von den kleinen eminent seltnen Kupferstichen Dürer's kömmt dieses berühmteste seiner Blätter noch am ersten, auch in Privat Sammlungen, vor.

Das Original ist jetzt, durch die von dem um die Kunst hochverdienten Inspector Passavant angegebenen Merkmale leicht zu erkennen.

Ich habe davon 18 Exemplare in Händen gehabt, darunter 5 in Wien, ohne jedoch im Stande gewesen zu sein: mit Sicherheit über das dazu verwandte Papier ein Urtheil zu fällen.

---

*) Siehe den Aufsatz von E. Harzen in Naumanns Archiv für die zeichnenden Künste, 5. Jahrgang, pag. 119 ff.

**) Siehe denselben Aufsatz, pag. 132.

Der Festigkeit desselben nach glaube ich darin das Papier mit dem Wasserzeichen der hohen Krone zu erkennen, auch möchte dieser vortreffliche Stich wohl in die Periode von 1510 bis 1514 zu setzen sein.

Die Abdrücke sind ziemlich gleichmäßig, nie sehr voll in Farbe, einige sind indeß matter, auch wohl verwischt.

Die Copie A nach Passavant, nach Bratsch das Original, ist fast eben so selten als das vorstehende Blättchen; in der Detmold'schen Auction wurde dieselbe mit 60 Thlr. bezahlt.

Die Abdrücke sind weniger gleich und manchmal gering.

Uebrigens ist die gestochene Silberplatte, von welcher die Original-Abdrücke herrühren, ursprünglich nicht für die Vervielfältigung auf Papier bestimmt gewesen und gearbeitet. Dieses beweiset: daß in den Abdrücken nicht nur die Schrift am Kreuze INRI verkehrt erscheint, sondern auch die ganze Composition, gegen alle anderen Darstellungen der Kreuzigung durch Dürer, eine entgegengesetzte Anordnung zeigt; indem hier Johannes links vom Kreuze und die Mutter rechts von demselben stehen, während sonst stets das Umgekehrte stattfindet.

Es unterliegt wohl keinem Zweifel, daß diese Platte zur Verzierung des Schwertes Kaiser Maximilians gedient hat und auch von Dürer zu diesem Zwecke gestochen ist. Inzwischen hat sie nicht den Knopf desselben gesiert, sondern den Handgriff.

Dieses reich gearbeitete Kaiser-Schwert ist noch jetzt in der Ambraser Sammlung in Wien vorhanden, und der rund geformte Knopf desselben bietet keinen Platz für eine solche Platte, wohl aber der umfangreiche an beiden Seiten flach gearbeitete Handgriff. Auf der einen dieser Seiten ist in der Mitte ein etwas kleineres Rund mit dem auf das sauberste in Email gearbeiteten Wappenschilde eingelassen, auf der andern Seite aber war dieses Crucifix eingefügt, wie der auf das genaueste mit dem Umfang desselben übereinstimmende Rand einer geringen Vertiefung beweist.

Diese Vertiefung ist gegenwärtig durch ein altes in Silber getriebenes Schaustück, ungefähr gleicher Größe, ausgefüllt, anscheinend byzantinischer Arbeit, welches aber weder zu dem Styl, noch zu den übrigen Verzierungen des Schwertes, noch genau in den Rand der Vertiefung paßt und augenscheinlich später, nur mangelhaft, eingesetzt ist. Nach mündlichen Ueberlieferungen soll die Dürer'sche Platte, ihrer Schönheit wegen, schon in früheren Zeiten aus ihrem ursprünglichen Platze herausgenommen und in die Kaiserliche Schatzkammer in Wien gebracht sein, aus welcher sie indeß spurlos verschwunden ist [*]).

---

[*]) Ich bin auf dieses Sachverhältniss durch den, bei dem K. K. Münz- und Antiken-Cabinet in Wien angestellten, sehr kunsteifrigen Dr. Freiherrn von Sacken aufmerksam gemacht, und verdanke es der aufopfernden Gefälligkeit des Herrn Custos Bergmann: Gelegenheit gehabt zu haben, in der Ambraser Sammlung dieses Kaiser-Schwert auf das Genaueste untersuchen zu können.

B. 24. Christus am Kreuze sterbend. 1508.

Von diesem Stich, welchen Dürer „das Creuz" benennt und in seinem Tagebuche mehrfach erwähnt, habe ich einzelne Abdrücke von ganz bewundernswürdiger Kraft und Wärme gesehen. Sie sind auf Papier mit dem Wasserzeichen des Ochsenkopfes, doch kommen auch sehr gute Abdrücke auf Kronenpapier vor. Das Blatt muß sehr beliebt gewesen sein, denn man findet Abdrücke von der schon sehr abgenutzten Platte, auf Papiersorten, welche noch der Lebens-Periode Dürer's angehören.

B. 25. Das von zwei Engeln getragene Schweisstuch. 1514.

Dieser schöne Stich wird von Dürer in seinem Tagebuche als „die Veronicam" bezeichnet. Er ist nicht häufig, besonders in vollkommen schönen Abdrücken. Das Papier mit Entfernung der Drahtstriche von 13½, Linien, entspricht demjenigen mit dem Wasserzeichen der hohen Krone.

B. 26. Das Schweisstuch, von einem Engel in die Luft gehalten. 1516.

Nicht so häufig als B. 19 ist diese Radirung, doch kann man nur die ersten, ganz rostfreien Abdrücke als selten bezeichnen. Ihr Papier ist weis und fest, mit einer Entfernung der Drahtstriche von 13 Linien.
* Spätere Abdrücke findet man auf Papier mit dem Wasserzeichen der verbundenen Thürme, Nr. 14, mit nur 11 Linien Abstand der Drathstriche.

B. 27. Die Dreieinigkeit,

übergehe ich, als eine entschiedene Arbeit nach Dürer von fremder Hand.

B. 28. Der verlorene Sohn.

Ein schönes und sehr beliebtes Blatt, zu welchem sich der nur theilweise ausgeführte Entwurf mit der Feder im Printroom des British Museum befindet. Es wird schon von Vasari rühmend erwähnt, welcher besonders die schönen Baulichkeiten hervorhebt.

Unter den großen Blättern, welche Dürer in seinem Tagebuche der Reise nach den Niederlanden namhaft gemacht hat, kömmt dieser Stich nicht vor, auch sind die frühesten Abdrücke mit dem Wasserzeichen des Ochsenkopfes oder des Reichsapfels, Nr. 5, sehr selten.

Man erkennt die ersten davon daran: daß links oben in der Luft von der Einfassungslinie bis auf die Dächer der Häuser, so wie unten rechts durch die Schweine mehrere perpendikuläre Kritzeln der Platte fast störend sichtbar sind, welche bei den bessern spätern Abdrücken noch wahrge-

nommen werden, dann aber immer mehr verschwinden. Die Platte muß
übrigens sorgfältig erhalten sein, denn es kommen von diesem Stich, welcher
der ersten Periode Dürer's angehört, noch gute Abdrücke mit den späteren
Wasserzeichen des Kruges, Nr. 10, des stehenden Hundes, Nr. 13, der
Thürme mit Mauer, Nr. 14, auch des Wappens der Stadt Schrobenhausen,
Nr. 15, vor.

B. 29. Die heilige Anna und die Jungfrau.

Dieses liebliche Blättchen, in recht schönen Abdrücken nicht häufig,
hat dann Papier mit dem Wasserzeichen des Ochsenkopfes, man findet
es indeß auch auf Papier mit dem Wasserzeichen des Kruges.
Die späteren Abdrücke sind oft sehr abgenutzt und kraftlos.

B. 30. Die Jungfrau mit langem Haar.

In den recht vollen und warmen Abdrücken ist dieser Stich ausnehmend schön, aber man sieht ihn so nur höchst selten. Selbst in den klaren,
weniger kräftigen Abdrücken ist er nicht häufig.

Ich habe diese Platte, übereinstimmend mit Heller, unter die Arbeiten
der ersten Periode aufgenommen, doch scheint sie erst später häufiger zum
Abdruck gekommen zu sein.

Nur selten findet man einen Abdruck mit dem Wasserzeichen des
Ochsenkopfes im Papier, dagegen sehr schöne auf Papier mit der hohen
Krone. — Spätere gute aber weniger kräftige Abdrücke haben Papier
mit dem Wasserzeichen des Kruges.

B. 31. Die Jungfrau mit der Sternen-Krone. 1508.

Dieses Blatt kömmt zuweilen in außerordentlich kräftigen Abdrücken
auf Papier mit dem Wasserzeichen des Ochsenkopfes vor, jedoch selten.
Sie haben Kritzeln in der Kupferplatte und Plattenschmutz rechts unten
neben dem Monogramme. Andere gute Abdrücke haben Papier mit $13^1/_4$
Linien Abstand der Drahtstriche. Dieser Stich scheint, wie alle die kleinen
Madonnen Dürer's, welche auch von Vasari besonders rühmend erwähnt
werden, schon früh starken Absatz gefunden zu haben, denn man findet
Abdrücke der schon sehr abgenutzten Platte auf alten, guten Papieren.

B. 32. Die Jungfrau mit Sternen-Krone und Scepter. 1516.

Die alten kräftigen Abdrücke haben ein sehr festes Papier, dessen
Drahtstriche $13^1/_2$, auch $13^3/_4$ Linien von einander entfernt sind.

B. 33. Die Jungfrau mit kurzem Haar. 1514.

Das Blatt gehört nicht zu den eigentlich seltenen, doch trifft man davon nicht häufig die recht warmen, harmonischen, dann aber sehr schönen Abdrücke auf Papier mit 14 bis 14¼ Linien Entfernung der Drathstriche. Einige ausgezeichnete Abdrücke kommen auch auf Papier vor, welches sehr fest ist, dessen Drathstriche aber nur 13½ Linien entfernt sind.

B. 34. Die das Kind säugende Jungfrau. 1503.

Einer der frühesten Stiche, welchen Dürer mit der Jahreszahl bezeichnete und der von Vasari an der Spitze der Dürer'schen Kupferstiche gerühmt wird.

Der Stich ist in den seltenen ersten Abdrücken sehr kräftig und schön, auf Papier mit dem Wasserzeichen des Ochsenkopfes. Auch auf Papier mit der hohen Krone kommen einzelne gute, jedoch weniger warme Abdrücke vor. Die späteren Abdrücke sind meist matt und schlecht.

Das Berliner Kupferstich-Cabinet bewahrt einen Probedruck dieses Blattes, welcher noch nicht das Täfelchen mit der Jahreszahl hat.

B. 35. Die sitzende Jungfrau, welche das Kind an sich drückt.
1513.

Die Composition dieses Blättchens, von dem man sehr schöne und warme Abdrücke trifft, könnte zu der Vermuthung führen, daß unser Meister von dem schönen Gemälde Raphaels — die Madonna del palazzo Tempi — Kenntniß gehabt habe.

Die mir durch die Hände gegangenen Abdrücke hatten ein Papier mit 13½ und 14 Linien Entfernung der Drathstriche, wovon das letztere, der Masse nach, das Wasserzeichen der hohen Krone vermuthen ließ.

B. 36. Die Jungfrau mit dem Kinde an der Brust. 1519.

Bartsch las die Jahreszahl irrthümlich 1512, welches schon Heller berichtigt. Dieser Stich hat nur selten so kräftige und volle Abdrücke gegeben, wie viele der früheren Grabstichel-Arbeiten Dürer's.

Die guten alten Abdrücke haben ein sehr festes Papier mit 13½, 13½, auch 14 Linien Abstand der Drathstriche, letzteres anscheinend Kronenpapier.

B. 37. Die Jungfrau von einem Engel gekrönt. 1520.

Dieses, wie das folgende Blatt, gehört zu den letzten Arbeiten Dürer's vor der Reise nach den Niederlanden und beide werden von ihm in seinem Tagebuche »die zwei neuen Marienbildt« genannt.

Man hat von dieser Platte schöne, scharfe, jedoch selten sehr warme Abdrücke, ich habe solche nur auf Papier mit dem Wasserzeichen des Kruges, Nr. 10, angetroffen, und wäre es möglich, daß Dürer dieses von ihm nach der Rückkehr aus den Niederlanden zu seinen Kupferstichen fast ausschließlich verwandte Papier in dem Jahre 1520 zuerst in Gebrauch genommen hätte.

B. 38. Die Jungfrau mit dem gewickelten Kinde. 1520.

Weit vollere harmonische Abdrücke, wie von dem vorhergehenden, findet man von diesem Stich, sie sind auf Papier mit dem Wasserzeichen des Ochsenkopfes oder auch des Kruges.
Geringere Abdrücke sind von dieser Platte weniger selten als von B. 37.

B. 39. Die Jungfrau von zwei Engeln gekrönt. 1518.

Die Abdrücke dieses Blattes sind in der Regel gut, man trifft aber einzelne von besonderer Schönheit, kräftig und silbertönig. Das Papier habe ich mit einer Entfernung der Drathstriche von 12½ und 13½ Linien, einmal auch mit dem Wasserzeichen der durch eine Mauer verbundenen Thürme gefunden.

B. 40. Die Jungfrau am Fusse einer Mauer sitzend. 1514.

Die Behandlung dieser ernsten, schönen Composition erinnert sehr an den berühmten Stich der Melancholie von demselben Jahre. Die vorzüglichen Abdrücke sind, wie bei dieser Platte, mehr durch Zartheit und Harmonie, als durch große Kraft und Schwärze der Farbe ausgezeichnet. Ich habe bei diesen ein sehr festes Papier getroffen, dessen schwer kenntliche Drathstriche 13½ Linien von einander entfernt waren.

B. 41. Die Jungfrau mit der Birne. 1511.

Der hübsche Stich ist nicht selten, in schönen, wohlerhaltenen Exemplaren jedoch sehr gesucht. In England traf ich, zur Zeit der Kunst-Ausstellung in Manchester, auffallend oft schöne Abdrücke davon. Die vorzüglichsten haben das Wasserzeichen des Ochsenkopfes, auch zuweilen dasjenige des Ankers im Kreise, Nr. 7, sonst ein festes Papier von feiner Masse und 14½ bis 14½ Abstand der Drathstriche.

B. 42. Die Jungfrau mit dem Affen.

Heller setzt diesen Kupferstich unter die Arbeiten Dürer's aus der Periode von 1500 bis 1506, und es ist nicht zu läugnen: daß derselbe in

Behandlung der Kräuter im Vorgrunde an ältere Stiche unsers Meisters, namentlich an die Jungfrau mit der Heuschrecke, B. 44, erinnert; auch spricht dafür die davon durch Marc Anton gestochene, noch mit dem Monogramm Dürer's bezeichnete Copie.

Auffallend ist indeß dabei: daß das hohe Haus in der Landschaft unzweifelhaft einer colorirten Studie nach der Natur entnommen ist, welche jetzt im British Museum in dem Privat-Zimmer des Directors des Printroom hängt, und von Dürer's Hand bezeichnet „weyß Hauß" ganz mit den colorirten Naturstudien übereinstimmt, welche noch von unsers Meisters Reise nach Italien erhalten sind.

Das Blatt ist in den nicht häufigen, zuweilen aber besonders schönen Abdrücken, welche am frühesten auf Papier mit dem Ochsenkopf, sonst auch mit der hohen Krone, vorkommen, ein besonderer Liebling der Sammler.

Bei der ungewöhnlichen Höhe der Platte, von 7 Zoll, findet man mehrfach Abdrücke, welche unten um fast zwei Linien, bis nahe an den Fuß des Monogramms verschnitten sind, wodurch der Büschel des Affenschwanzes verloren gegangen ist, wahrscheinlich um dieses Blatt in den alten Klebe-Büchern mit andern von gleicher Grösse, wie B. 2 und 26 anzugleichen. — Die mehrfach geäußerte Ansicht: daß die Kupferplatte späterhin um so viel verschnitten sei, beruht indeß auf einem Irrthume, denn es kommen matte Abdrücke von der sehr abgenutzten Platte vor, welche die normale Größe haben.

Dieser Stich gehört übrigens zu denen, deren Abdrücke unserm Meister nicht immer gelungen sind, es giebt davon alte sehr kräftige Drucke, welche, ohne sichtlich bei dem Durchlaufen durch die Presse verschoben zu sein, doch Klarheit und Reinheit vermissen lassen.

B. 43. Die heilige Familie.

Auch dieses geritzte Blatt setzt Heller in die Periode vor der Italienischen Reise, mir scheint indeß diese vielleicht nur auf das Fehlen des Monogramms und der Jahrszahl begründete Angabe höchst unwahrscheinlich, da alle übrigen Arbeiten Dürer's mit der kalten Nadel in die Jahre 1510 und 1512 fallen.

Vollkommen schöne Abdrücke dieses, dann sehr malerischen Blattes, gehören zu den allergrößten Seltenheiten. Die ersten erkennt man an der vollkommenen Reinheit der Platte von allen Kritzeln, und der großen Deutlichkeit der nur leicht angeritzten Landschaft mit Gebäuden auf einem Berge im Hintergrunde, es giebt indeß von diesem ersten Etat einzelne Abdrücke, welche, vielleicht in Folge eines starken Abputzens der Platte vor dem Druck, nicht die malerische Wirkung einzelner schöner Abdrücke des zweiten Etats haben. — Diese zweiten Drücke erkennt man an einem Nadelkritzel in der Platte, welcher in schräger Richtung auf dem Gesichte der Jungfrau den untern Theil der Nase und den linken Mundwinkel berührt. — Die früheren Abdrücke dieser Art, bei denen die, später immer undeutlicher werdende, Landschaft im Hintergrunde noch vollkommen klar ist, sind an Grabstichel-Versuchen kenntlich, welche sich oben links in der Platte befinden.

Die späteren Abdrücke haben mehrere Kritzeln, welche in verschiedenen Richtungen rechts unten das Holzwerk der Rasenbank, so wie das Gesicht und den Bart Josephs, auch die Stirn des Christus-Kindes durchschneiden. Solche Abdrücke kommen schon auf Papier mit dem Wasserzeichen der verbundenen Thürme, Nr. 14, und 11 Linien Abstand der Drathlinien vor. — Die spätesten Abdrücke sind grau und rußig, auch nicht selten.

Die schönsten mir bekannten Exemplare dieses vortrefflichen Blattes sind im Städel'schen Institute in Frankfurt a. M., dem Königl. Kupferstich-Cabinet in Berlin, der Sammlung des Erzherzogs Albrecht in Wien und in dem Print-room des British Museum.

B. 44. Die heilige Familie mit dem Schmetterlinge,
richtiger mit der Heuschrecke (Libelle).

Dieses bereits in der Einleitung erwähnte Blatt bleibt in Beziehung auf den Erfinder der Composition immer ein zweifelhaftes, doch muß der Stich schon von Marc Anton für eine Arbeit Dürer's erkannt sein, da er denselben mit dem Dürer'schen Monogramm copirt hat. Jedenfalls ist es eine der frühesten Grabstichel-Arbeiten unsers Meisters.

Auffallend bei dieser Platte ist der sehr sichtbare Ausrutsch des Grabstichels über dem Kopf der Maria, welcher sich auf den alten, wie auf den neueren Abdrücken findet. Bei der bekannten großen Sorgfalt Dürer's möchte man aus der nicht geschehenen Entfernung dieses Mißstandes schließen: daß die Platte nicht in seinen Händen geblieben wäre, auch erwähnt er derselben in seinem Tagebuche nirgends, hat also Abdrücke davon auf seine Niederländische Reise wohl nicht mitgenommen.

Es kommen übrigens einzelne frühe schöne Abdrücke auf Papieren mit den Wasserzeichen des Ochsenkopfes und des gothischen p, Nr. 3, vor; überhaupt ist das Blatt nicht selten. Die späteren Abdrücke erkennt man an dem schwächeren Schatten auf der rechten Backe der Jungfrau, welches der Verfasser des Cataloges der Sammlung von H. Weber — Leipzig 1855 — irrthümlich als Merkmal eines premier état bezeichnet hat. Solche Abdrücke haben fast immer Papier mit dem Wasserzeichen des stehenden Hundes, Nr. 13, und einer Entfernung der Drathstriche von 13½ Linien, welches bei Dürer'schen Holzschnittblättern vom Jahre 1527 vorkommt, bei Abdrücken von Kupferstichen, welche bei Dürer's Lebzeiten genommen sind, von mir aber nie angetroffen ist.

Bei einzelnen Abdrücken findet man auch Papier mit dem Wasserzeichen des Reichsapfels, die neuesten haben zahlreiche Kritzeln in der Kupferplatte.

B. 45. Die Jungfrau am Thor,

ist eine anerkannt Italienische Grabstichel-Arbeit nach Dürer, welches man auch schon an dem volleren, etwas weicheren, von den Deutschen Sorten abweichenden Papiere derselben erkennen kann.

Passavant hält Marc Anton für den Meister derselben.

B. 46 bis 50. Die fünf Apostel.

Diese schönen Blätter sind besonders häufig abgezogen und finden sich fast in allen Sammlungen Dürer'scher Drucke, oft in mehreren Exemplaren. Höchst sparsam sind aber recht volle, kräftige Abdrücke, noch seltner alle fünf Blätter von ganz gleicher Güte, welches durch die Verschiedenheit der Jahre, in welchen Dürer sie arbeitete, erklärlich wird. Die Folge in der Sammlung des Städel'schen Instituts in Frankfurt a. M. ist in dieser Beziehung wohl eine der schönsten.

St. Thomas und St. Paulus, welche im Jahre 1514 gestochen wurden, findet man bei sehr kräftigen Drucken auf einem sehr festen, der Masse und der Entfernung der Drathstriche nach, auf das Wasserzeichen der hohen Krone deutendem Papiere. Bei den im Jahre 1523 gestochenen St. Bartholomaeus und St. Simon, so wie bei dem St. Philipp vom Jahre 1526 ist das Papier feiner, mit Entfernung der Drathstriche von 12¾ bis 13½ Linien, dem vorherrschenden Papiere dieser Periode mit dem Wasserzeichen des Kruges entsprechend. Das gleiche Papier kömmt auch häufig bei allen fünf Blättern vor.

Ein Wasserzeichen in einem der Abdrücke zu entdecken hat mir, ungeachtet der außerordentlich großen Zahl deshalb geprüfter Blätter, bisher nicht gelingen wollen.

B. 51 und 52. Der heilige Christoph mit umgewandten Kopf, und derselbe Heilige mit dem Christus-Kinde, beide vom Jahre 1521.

Mit Recht beliebt und viel verbreitet sind diese ersten Stiche unsers Meisters nach seiner Rückkehr von der Niederländischen Reise. Man erkennt darin, daß diese, und namentlich die nähere Bekanntschaft mit den Arbeiten des Lucas van Leyden, nicht ohne Einfluß auf Dürer's Handhabung des Grabstichels geblieben ist.

Vasari nennt diese Blättchen sehr schön (bellissimi), und lobt vorzüglich die Grabstichelführung in allen Theilen, besonders den gelockten Haaren.

Wie bei allen Stichen, welche der letzten Periode unsers Meisters angehören, zeichnen sich die alten schönen Abdrücke mehr durch Weichheit und Harmonie, als durch tiefe Kraft der Farbe aus. Beide Blätter sind

nicht selten und bei den guten Abdrücken findet man das feine Papier mit
12¾ bis 13¼ Linien Abstand der Drathstriche, welches auf das Wasserzeichen des Kruges schließen läßt.

B. 53. St. Georg zu Fuss.

Von diesem, anscheinend im Jahre 1508, gleichzeitig mit dem folgenden, gearbeiteten Blatte, kommen einzelne ganz besonders kräftige und schöne Abdrücke vor, deren Papier das Wasserzeichen des Ochsenkopfes hat; doch auch auf Papier mit der hohen Krone findet man noch recht frische Drucke, und selbst bei den bläßeren trifft man noch sehr gutes Papier mit 13¼ Linien Abstand der Drathstriche.

B. 54. St. Georg zu Pferde. 1508.

Bei den nicht häufigen schönen Abdrücken dieses Stiches ist mir nur Papier mit dem Wasserzeichen des Ochsenkopfes vorgekommen.

B. 55. St. Sebastian an einen Baum gebunden.

Recht fette malerische Abdrücke findet man von diesem sehr hell gehaltenen Blatte aus Dürer's erster Periode nicht. Selbst der zu den Geschenken unsers Meisters an König Christian II von Dänemark [*]) gehörende Abdruck im Königl. Kupferstich-Cabinet zu Copenhagen ist nicht so warm als die übrigen. Die besseren Abdrücke, deren Papiere ich zu prüfen im Stande gewesen bin, hatten ein weißes, festes Papier mit Entfernung der Drathstriche zu 13¼ auch 14 Linien.

B. 56. St. Sebastian an eine Säule gebunden.

Der erste Etat dieses Stiches, mit dem kleinen verzeichneten Munde, gehört zu den sehr seltenen aber keinesweges schönen Curiositäten. Bei den besten Abdrücken, auch dem zu den Dürer'schen Geschenken gehörigen in der Copenhagener Sammlung, ist der Mund bereits geändert. Diese Platte hat übrigens weit schönere Abdrücke geliefert, als B. 55. Bei den besseren habe ich Papier mit einem Abstande der Drathstriche von 13 und 14 Linien gefunden, einmal auch das spätere Wasserzeichen des Lilienschildes mit der Krone, Nr. 11.

B. 57. Der heilige Eustachius.

Dieser größte, vollkommen durchgebildete Kupferstich Dürer's trägt keine Jahrszahl. So geschätzt und gesucht derselbe ist, so gehört er doch

---

[*]) Siehe Campe's Reliquien von Albrecht Dürer, Nürnberg 1828, p. 142, und Naumann's Archiv für die zeichnenden Künste, 5. Jahrgang, 2. Heft, p. 165.

nur in den alten, frischen und warmen Abdrücken zu den Seltenheiten. Diese sind fast ausschließlich auf Papier mit der hohen Krone, doch giebt es einzelne wenige Exemplare von schöner Schwärze, auf Papier mit dem Ochsenkopfe, auch habe ich einen noch schönen Abdruck mit dem Wasserzeichen des Kruges angetroffen.

Der unvergleichliche Abdruck in Copenhagen, Geschenk unsers Meisters an König Christian II von Dänemark, hat das Wasserzeichen der hohen Krone.

Die späteren Abdrücke, welche bis in die Zeit des Kaisers Rudolph II zu reichen scheinen, der die Platte vergolden ließ [*]), findet man auf den verschiedenartigsten Papieren, mit dem Wasserzeichen des Hundes, Nr. 13, der Thürme, Nr. 14, des Wappens von Nürnberg, Nr. 12, des Reichsadlers, Nr. 17, letzteres Papier kömmt am häufigsten vor und sind diese neueren Abdrücke oft noch rein und klar, entbehren aber ganz des warmen Tons und der malerischen Wirkung, welche die älteren Abdrücke so vortheilhaft auszeichnen.

Die ungewöhnliche Größe dieser Platte scheint bei dem Abdrucke besondere Schwierigkeiten bereitet zu haben, denn man findet bei den schönsten Abzügen nicht selten kleine Stellen mit gequetschten Linien, auch alte Drucke, die eine geringe Verschiebung des Papiers unter der Walze zeigen. — Einige alte Abdrücke von schöner Kraft kommen vor, bei denen die Druckerschwärze ungewöhnlich dick zum Nachtheil der Klarheit aufgetragen ist, diese haben ein ganz besonders festes Papier, mit kaum sichtbaren Drathstrichen der nicht sehr feinen Schöpfform, welche 15½, Linien von einander entfernt sind.

Bei der schönen Gruppirung der Baulichkeiten des Schlosses auf dem Berge hat Dürer eine flüchtige leicht colorirte Natur-Studie mit benutzt, welche, von ihm bezeichnet: „ein Welsch Schloß" und ohne Zweifel von seiner Italienischen Reise herrührend, bei Heller, pag. 127 unter Nr. 37, angeführt wird, und sich gegenwärtig in der Sammlung des Verfassers befindet.

B. 58. St. Antonius der Einsiedler. 1519.

Ein vortreffliches Blatt, besonders wegen der sehr schönen Landschaft. Die herrlich um den Berg aufgebaute Stadt hat auffallende Aehnlichkeit mit Marburg. Es ist nicht häufig, namentlich in schönen alten Abdrücken, deren sehr festes Papier einen Zwischenraum von 13½, Linien zwischen den Drathstrichen hat.

B. 59. Der heilige Hieronymus. 1512.

In Beziehung auf malerische Wirkung ist dies geritzte Blatt unstreitig die gelungenste von Dürer's Arbeiten auf Kupfer. Die wenigen bis auf

---
[*]) Siehe Heller. 2. Band. Pag. 443.

uns gekommenen Abdrücke von voller Kraft und Klarheit haben ein Helldunkel, welches von Rembrandt in seinen schönsten Radirungen nicht übertroffen ist, ihm aber entschieden zum Vorbilde gedient hat.

Von diesem köstlichen Blatte sind zwei Probedrücke erhalten, ehe Dürer das Monogramm nachgefügt hatte. Der eine davon ist in Wien in der Sammlung des Erzherzogs Albrecht, der andere im Print-room des British Museum, früher bei Verstolck im Haag. Dieser letztere ist auf Papier mit dem Wasserzeichen der hohen Krone und bestätigt meine in der Einleitung ausgesprochene Ansicht, daß Dürer um 1512 zu den größeren Blättern nicht mehr das Ochsenkopfpapier zu verwenden pflegte. — Auch bei den besten der übrigen Abdrücke findet man Papier mit der hohen Krone. Die vollkommen schönen Abdrücke lassen sich zählen und sind doch nicht frei von fleckenartigen unklaren Stellen. — Der schönste von allen ist wohl der zweite Abdruck mit dem Monogramm in der Sammlung des Erzherzogs Albrecht in Wien, von den in Deutschland in Privathänden befindlichen, ist derjenige am berühmtesten, welcher die reiche und ausgewählte Dürer-Sammlung des Herrn Cornill d'Orville in Frankfurt a. M. ziert. —

Spätere Abdrücke kommen vor auf Papier mit den Wasserzeichen zweier Thürme mit Mauer, Nr. 14, und des Wappens der Stadt Schrobenhausen, Nr. 15. Bei diesen sieht man unten in der Mitte des Vorgrundes die Spuren eines runden Loches, welches in die Platte geschlagen ist. Die Bemerkung des Herrn Dr. Nagler[*]): daß in den späteren Abdrücken das Crucifix und die Jahrszahl ganz ausgedruckt seien, trifft nicht allgemein zu, denn es giebt ganz späte Abdrücke, bei denen beides sichtbar, die Jahrszahl aber vollkommen deutlich ist.

B. 60. Der heilige Hieronymus in der Zelle. 1514.

Dieser Stich, von Dürer in seinem Tagebuche „Hieronymus im Gehaiß", „der sitzende Hieronymus", auch „St. Hieronymus in Kupffer" benannt, ist eines der verbreitetsten der größeren Blätter unsers Meisters und die sehr sorgfältig gearbeitete Platte hat eine große Menge Abdrücke gegeben. Die älteren davon sind sehr malerisch, zuweilen etwas voll in Farbe, wodurch indeß das schöne Helldunkel dieses Stiches gehoben wird. Die weit häufigeren späteren Abdrücke findet man oft noch recht klar und rein, jedoch die Wirkung der früheren keinesweges erreichend.

Der Masse der Papiers und der Entfernung seiner Drathstriche nach, sind die alten Drucke auf solchem mit dem Wasserzeichen der hohen Krone abgezogen; das Zeichen selbst habe ich indeß bis jetzt in keinem Abdruck auffinden können. Das Blatt ist aber geringer in Höhe, wie manche der anderen, und mag daher wohl das Wasserzeichen mit dem Papierrande

---

*) Siehe die Monogrammisten, München 1858, pag. 165.

weggefallen sein. Nur ein einziger, aber augenscheinlich späterer Abdruck ist mir mit dem Wasserzeichen des Kruges vorgekommen.

B. 61. Der büssende heilige Hieronymus.

Heller nimmt an, daß Dürer dieses schöne Blatt schon vor 1500 gestochen habe, doch möchte ich — obgleich dasselbe nicht ganz frei von der früheren conventionellen Behandlung des Erdbodens im Vorgrunde ist — wegen der Durchbildung der Landschaft der Meinung sein, daß es den ersten Jahren nach der Italienischen Reise angehören wird.

Die Platte ist übrigens in früheren Zeiten wenig abgedruckt. Exemplare auf Ochsenkopf- oder Kronenpapier habe ich nie angetroffen, nur ein Paar mit dem alten Papierzeichen des gothischen p. Dürer hat keine Abdrücke davon, zu Geschenken oder zum Verkauf, auf die Niederländische Reise mitgenommen, wenigstens geschieht dieses großen Blattes nirgends im Tagebuche Erwähnung, dagegen findet man die prachtvollsten Abdrücke auf den späteren Papieren mit den durch eine Mauer verbundenen Thürmen, Nr. 8, oder dem Reichsapfel mit Stern, Nr. 5. Selbst Abdrücke mit dem Wasserzeichen des Augsburger Wappens, Nr. 18, sind noch recht schön.

Den älteren Sammlern scheint übrigens dieses Blatt für ihre Klebebücher zu hoch gewesen zu sein, wenigstens findet man mehrfach, auch in öffentlichen Sammlungen, Abdrücke, wo das weiße Papier oben bis an die Spitze der Tannenbäume 4 Linien breit abgeschnitten ist.

B. 62. Der kleine runde heilige Hieronymus.

Eines der seltensten Blättchen Dürers, mit vollem Recht zu den Introuvables gezählt. Bekannt sind mir davon nur 5 Abdrücke, in der Pariser Sammlung, in dem Museo zu Amsterdam, in den Sammlungen des Erzherzogs Albrecht in Wien, der Königin Marie in Dresden und der Kunsthalle zu Bremen, letzteres aus dem Dr. Klugkistschen Vermächtniß, früher in der Sammlung des Herzogs von Buckingham.

Die Abdrücke sind besonders schwarz, der in Bremen ist indeß etwas klarer. Die Behandlung des Grabstichels ist übrigens bei weitem nicht so einfach, rein und schön, als bei dem Degenknopf, dieselbe hat im Gegentheil etwas Raubes und gleicht fast einem Holzschnitte. Auffallend ist auch die wunderbare Lage des Löwenschweifes.

Das Blättchen hat kein Monogramm und man kann sich, bei genauer Betrachtung des Zweifels nicht erwehren: ob dasselbe wirklich von Dürer gestochen sei? Der kleine heilige Hieronymus in Holzschnitt, B. 115, ist ohne Frage weit schöner.

Da diese wenigen erwähnten Abdrücke unterklebt oder fest aufgelegt sind, so habe ich über die Papiere derselben mir keine Aufklärung verschaffen können.

B. 63. Die heilige Genovefa.

Die Abdrücke von dieser Platte findet man sehr kräftig und schön, jedoch nur selten vollkommen klar und rein. Selbst die frühesten auf Papier mit dem Ochsenkopfe sind zuweilen zu trocken oder zu fett in Farbe.

Andere Abdrücke haben Papier mit dem Wasserzeichen der großen Thürme unten mit einer Spitze, Nr. 14.

B. 64. Die heilige Veronica. 1510.

Dieses sehr schöne aber introuvable Blättchen habe ich nur zweimal in Händen gehabt, in der Sammlung des Erzherzogs Albrecht in Wien und derjenigen der Königin Marie in Dresden, früher bei Verstolck, beide Exemplare fest aufgelegt.

Der Stich, mit der trockenen Nadel (geritzt) ist sehr leicht behandelt, die Hände sind wenig ausgebildet, aber außerordentlich schön ist das Antlitz des Christus. Quer über demselben bemerkt man auf den beiden bezeichneten Abdrücken zwei feine sich kreuzende Linien, Kritzeln in der Platte oder Ausgleitungen der Nadel.

Abweichend von den übrigen Kupferstichen Dürer's ist auf diesem Blättchen die Zeichnung des Monogrammes und namentlich die Form des D, welcher fast viereckt erscheint, auch bei der Jahreszahl sind die ersten und die letzten zwei Zahlen ungewöhnlich weit von einander entfernt und befindet sich ein Punkt dazwischen, die 0 steht dagegen auffallend nahe an der 1, wie solches sonst bei unserm Meister nicht gebräuchlich ist. Auch die unter dem Schweißtuch hervortretenden Gewandfalten der Heiligen weichen von Dürer's gewöhnlicher Weise ab, demungeachtet erscheint das Blättchen, welches in mancher Beziehung an eine ähnliche Darstellung des Martin Schön erinnert, entschieden als eine Arbeit von ihm und mag das Abweichende gegen andere Stiche dadurch sich erklären, daß dieses der erste Versuch mit der kalten Nadel war.

Durch die recht gute, wenn auch nicht in allen Theilen genaue Copie von Petrack ist dieser Stich, so wie die übrigen drei introuvablen Blätter Dürer's, allgemeiner bekannt geworden.

B. 65. Das Urtheil des Paris.

Von diesem kleinen runden Blättchen habe ich nur einen Abdruck, und zwar in der Sammlung des Erzherzogs Albrecht in Wien gesehen. — Er ist fest aufgelegt und in Beziehung auf das Papier daher nichts wahrzunehmen. Der Stich ist sehr leicht behandelt, macht aber doch den Eindruck, daß er von Dürer selbst herrührt, der Abdruck selbst ist nicht eigentlich frisch zu nennen.

Nach einer mir gewordenen Mittheilung des Herrn William Smith in London, ist neuerlichst ein Exemplar dieses Blättchens in das British Museum gekommen, es hatte sich in einer alten Englischen Sammlung befunden, und war vor etwa 40 Jahren dem früheren Besitzer von dem Vater des W. Smith für einen Shilling (10 Sgr.) verkauft.

B. 66. Die drei Genien.

Dieser Stich ist nicht häufig, in schönen Abdrücken aber wahrhaft reizend. Der prachtvollste Abdruck davon, aus der Sammlung des Herrn R. Fisher in London, war in der „Art treasures Exhibition" in Manchester ausgestellt.

Die alten Abdrücke sind auf Papier mit dem Wasserzeichen des Ochsenkopfes, schwächere auf einem sehr festen, stark gerippten Papier mit 13½ Linien Abstand der Drathstriche.

B. 67. Die Hexe.

Bei den vollkommen schönen Abdrücken, welche jedoch nicht oft vorkommen, hat das Papier den Ochsenkopf als Wasserzeichen, bei guten, aber weniger kräftigen findet man das feste anscheinend Kronen-Papier mit 13¼ Linien Entfernung zwischen den Drathstrichen.

B. 68. Apollo und Diana.

Es giebt außerordentlich schöne Abdrücke dieses Blattes auf Ochsenkopfpapier; merkwürdig ist die auch in den kräftigsten derselben sich findende kleine weiße Fehlstelle in den Schattenlagen der Backe des Apollo, dicht über der Schulter.

Nach den genauen Beziehungen dieses Stiches zu dem folgenden, wird er wohl nicht vor dem Jahre 1505 gearbeitet sein.

B. 69. Die Familie des Satyrs. 1505.

Dieses, in geringen Drucken ziemlich häufige Blatt ist in vollkommen schönen, außerordentlich selten, aber höchst reizend. Diese haben Papier mit dem Wasserzeichen des Ochsenkopfes. Ein schwarzer Punkt auf der linken Lende der Frau findet sich schon auf den frühesten Abdrücken, und muß daher von einer kleinen Fehlstelle in der Platte herrühren.

B. 70. Das Studium von fünf Figuren.

In klaren, ganz rostfreien Abdrücken ist diese Radirung, welche weder Monogramm noch Jahreszahl hat, nicht häufig. Sie kommen auf Papier mit 13 Linen Entfernung der Drathstriche und einem ungewöhnlichen Wasserzeichen vor, welches sich nicht wohl erkennen läßt. Sonst trifft man auch Papier mit dem Wasserzeichen der Thürme oder des gothischen p.

B. 71. Die Entführung der Amymone.

Dürer nennt dieses Blatt in seinem Tagebuche „ein Mehrwunder", Vasari „una ninfa portata via da un mostro marino", und Heller setzt den Stich in die Zeit vor 1500.

Ich glaube dagegen, daß solcher einer späteren Zeit angehört, mir scheint die ganze Behandlung dafür zu sprechen, auch habe ich nur einen Abzug auf Ochsenkopf-Papier, sehr wenige mit dem gothischen p gefunden. Die schönsten der alten Abzüge haben Papier mit der hohen Krone. Die Platte hat sich länger erhalten, denn es kommen spätere Abdrücke mit dem Wasserzeichen des Kruges, auch des Reichsadlers vor.

B. 72. Die Entführung. 1516.

In den ersten reinen Abdrücken ist diese Radirung nicht häufig, man findet einige davon mit dem Wasserzeichen des Kruges, die späteren, schwärzeren, aber rußigen Drucke haben im Papier das Wappen der Stadt Schrobenhausen, Nr. 15.

B. 73. Die Wirkung der Eifersucht.

Einer der bedeutendsten Kupferstiche unsers Meisters, von ihm in seinem Tagebuche „der Herculum" genannt, und in sehr schönen Abdrücken selten und kostbar, welcher indeß nicht, wie Heller glaubt, schon vor der Italienischen Reise gearbeitet sein dürfte. Die mir durch die Hände gegangenen alten Drucke, auch der außerordentlich schöne, von Dürer dem Könige Christian II verehrte, jetzt in Copenhagen, haben sämmtlich das Wasserzeichen der hohen Krone, bei schwächeren findet man den Krug im Papier.

In der Composition dieses Blattes hat Dürer übrigens manches der schönen alten, von mir bereits in der Einleitung erwähnten Zeichnung entlehnt, durch welche er das Meisterwerden erlangte.

Die Bedeutung dieses Gegenstandes ist sehr verschieden aufgefaßt, daher der Stich unter mancherlei Benennungen vorkommt; Vasari[*]), nachdem er dieses Blatt als die äußerste Vollendung der Kupferstecher-Kunst bezeichnet hat, beschreibt es als Venus, welche eine Nymphe schlägt, die — sich vertheidigt zu werden — sich einem Satyr in den Schoß gesetzt hat.

Er fügt hinzu: wie Dürer in diesem Blatte habe zeigen wollen, daß er das Nackte darzustellen wisse, und meint: daß er dieses vielleicht des-

---

*) Am angeführten Orte pag. 191.

halb nicht habe besser machen können, weil er — wenn er Nacktes darzustellen gehabt habe — in Ermangelung anderer Gelegenheit, einige seiner Schüler nachgebildet habe, welche, wie meist die Deutschen, keine schönen nackten Körper gehabt hätten, obgleich man in Kleidern viele schöne Männer aus jenem Lande sahe.

Von diesem Blatte findet sich ein sehr merkwürdiger unvollendeter Probedruck in der Sammlung des Erzherzogs Albrecht in Wien: auf demselben ist der Satyr fast nur angeritzt, der Kopf der Nymphe und ihr Arm noch nicht ausgeführt, und der untere Theil der Landschaft mit dem Amor nur angelegt.

B. 74. Die Melancholie.

Dieses sehr beliebte, von Dürer mit ganz besonderer Sorgfalt behandelte Blatt, von welchem Vasari sagt: daß es alle die Gegenstände (gli istromenti) enthalte, welche jeden, der sie gebrauche, zur Melancholie brächten, zeichnet sich durch eine eigenthümliche Zartheit aus.

Die alten Abdrücke sind weniger kräftig und voll als diejenigen mancher früheren Stiche, haben dagegen durch eine feine, warme und harmonische Wirkung einen eigenen Reiz. Die späteren Drücke entbehren desselben, sind indeß oft noch klar und rein.

Das Papier der schönen Drücke ist dem des heiligen Hieronymus von demselben Jahre, B. 60, gleich; bei geringeren Drücken trifft man ein stark geripptes Papier mit 12½ Linien Abstand der Drathstriche, bei den neueren das Wasserzeichen des Wappens von Schrobenhausen.

B. 75. Die vier nackten Frauen.

Die alten Abdrücke sind zum Theil sehr schwarz, und kommen auf Papier mit dem Wasserzeichen des Ochsenkopfes und dem der verbundenen Thürme mit 13 Linien Abstand der Drathstriche vor.

Die anfangs etwas rauhen Schattenlagen im Fleisch haben sich indeß bald abgenutzt, denn man findet schon auf Papier mit dem Wasserzeichen des Reichsapfels mit Kreuz, Nr. 6, noch gute, aber weit weniger kräftige Abdrücke.

B. 76. Der Traum.

Nach Vasari's Beschreibung: einer, der auf einem Ofen schläft, mit Venus daneben, welche ihn im Traume in Versuchung führt, während Amor, auf zwei Stelzen steigend, sich vergnügt, und der Teufel mit einem Blasebalg jenem in's Ohr bläst.

So wenig selten dies Blatt ist, so findet man doch die vollkommen schönen Abdrücke nur höchst sparsam. — Sie sind auf Papier mit den Wasserzeichen des Ochsenkopfes, des gothischen p oder der hohen Krone.

die späteren noch guten Abdrücke haben das Wasserzeichen des Kruges. Die Platte hat sich sehr lange erhalten, denn es giebt neuere Abdrücke mit breitem Papierrande auf Papieren des 17. Jahrhunderts, welche indeß matt und unbedeutend sind.

B. 77. Die Nemesis,
gewöhnlich die grosse Fortuna genannt.

Daß dieses große Blatt dasjenige sei, welches Dürer in seinem Tagebuche wiederholt „eine Nemesis" nennt, glaube ich in dem Aufsatze des Naumann'schen Archives für die zeichnenden Künste, 2. Jahrgang, 1. Heft, genügend nachgewiesen zu haben. Eine angenehme Bestätigung dieser Ansicht ist mir seitdem durch eine Veröffentlichung des gelehrten Vorstandes des print-room im British Museum, Mr W. H. Carpenter, im Athenäum geworden, in welcher derselbe die gleiche Meinung, fast mit denselben von mir geltend gemachten Gründen belegt, ausspricht.

Die alten kräftigen Drucke dieses schönen Stiches werden sehr gesucht. Die mir vorgekommenen waren sämmtlich auf Papier mit der hohen Krone, nur einzelne, nicht einmal besonders schöne Abdrücke haben Ochsenkopf-Papier.

Heller giebt, 2. Band, pag. 468, als Kennzeichen der alten Drucke die kleinen Punkte an, welche links über den Wolken, in der Mitte des Blattes, noch andere Wolken andeuten sollen. Dieses ist indeß trügerisch, denn auch auf späteren schwächeren Drucken sind diese Punkte noch sichtbar. Ein sicheres Zeichen der frühesten Abdrücke ist dagegen der mehr oder weniger starke Grat eines Striches, welcher unten in der Landschaft in der Mitte der Brücke, als Stütze derselben, in das Wasser geht, und bei den späteren Abdrücken kürzer wird, zuletzt nur als ein einfacher Grabstichel-Strich erscheint. Bei dem wundervollen Abdruck in der Sammlung des Erzherzogs Albrecht in Wien haben alle drei Stützen unter der Brücke starken Grat.

B. 78. Die kleine Fortuna.

Die schönen Abdrücke findet man auf Papier mit dem Wasserzeichen des Ochsenkopfes. Das Blatt ist nicht selten, häufig sind die Abdrücke aber matt und unbedeutend, auch oft im Papier verschnitten.

B. 79. Die Gerechtigkeit,
von Heller und Nagler irrthümlich die Nemesis genannt.

Bei sehr schönen Abdrücken dieses, der Behandlung des Vordergrundes nach, unstreitig der zweiten Periode Dürer's, nach der Italienischen Reise, angehörenden Blattes, findet man sowohl Papier mit dem Wasserzeichen des Ochsenkopfes, wie mit dem der hohen Krone, doch sind solche, dann recht malerische Abdrücke selten. Der zu den Dürer'schen Geschenken gehörende Abdruck in Copenhagen hat den Ochsenkopf im Papier.

B. 80. Der kleine Courier.

Dieser Stich gehört zu den nicht häufigen; die schönen Abdrücke haben Ochsenkopf-Papier, auch kommen welche mit dem Lilienwappen und Krone, Nr. 11, bei 11 Linien Entfernung der Drathstriche vor.

Bei geringeren Drucken findet man festes Papier mit 13½ Linien Abstand der Drathstriche.

B. 81. Der grosse Courier.

Dieses, bereits in der Einleitung besprochene Blatt ohne Monogramm und Jahrszahl gehört bekanntlich zu den allergrößten Seltenheiten und fehlt sogar der reichen Sammlung des Erzherzogs Albrecht in Wien.

Es sind nur zwei Abdrücke davon bekannt: der eine im Königlichen Kupferstich-Cabinet zu Dresden, der andere in der K. K. Bibliothek zu Wien. Dieser letztere ist nicht rein im Druck und namentlich die hintern Schenkel des Pferdes sind unklar. Der Abdruck in Dresden ist auf sehr festem Papier, welches nur 11 Linien Abstand der Drathstriche und ein nicht gebräuchliches, dem aus alten Bücherdrucken bekannten Cardinals-Hut einigermaßen ähnelndes Wasserzeichen hat. Die Platte hat unten stark abgerundete Ecken, welches bei Dürer etwas ganz ungewohntes ist, und der Stich erscheint im Vergleich mit den übrigen Arbeiten unsers Meisters als auffallend roh behandelt.

B. 82. Die Dame zu Pferde.

Ein nicht häufiges Blatt, von dem man indeß sehr schöne Abdrücke, sowohl auf Ochsenkopf-, wie auf Kronen-Papier findet; der mir zu Gesicht gekommene schönste, zu Dürer's Geschenken in Copenhagen gehörig, hat kein Wasserzeichen.

B. 83. Der Bauer und seine Frau.

Die schönen Abdrücke sind auf denselben Papieren, wie das vorstehende Blatt.

B. 84. Die Wirthin und der Koch.

Heller setzt dieses Blättchen in die Zeit vor 1500, vergleicht man es aber mit anderen Stichen dieser Periode, namentlich B. 85 und 86, so wird man den wesentlichen Unterschied in der Behandlung, besonders auch des Vorgrundes nicht verkennen. Ich halte dasselbe daher entschieden für eine spätere Arbeit.

Neben vielen matten und abgenutzten Abdrücken findet man diesen
Stich zuweilen auch sehr kräftig und schön, das Papier hat dann das Wasserzeichen des Ochsenkopfes, selten das des gothischen p.

B. 85. Der Orientale und seine Frau.

Das Blatt ist in schönen Abdrücken selten, dann aber recht kräftig.
Bei solchen trifft man das Papier mit dem Ochsenkopf.

B. 86. Die drei Bauern.

In den alten warmen Abdrücken auf Ochsenkopf-Papier ist dieses
Blättchen von recht malerischer Wirkung.
Die Kupferplatte davon ist noch vorhanden und kam im Jahre 1836
in Frankfurt a. M, zum Vorschein, wurde aber, ehe die dortigen Dürer-
Sammler Kenntniß davon erhielten, nach Rußland verkauft.

B. 87. Der Fahnen-Träger.

Diesen lieblichen Kupferstich, welcher allerdings in dem Vorgrunde
noch Spuren der älteren conventionellen Darstellungsweise hat, halte ich
— abweichend von Heller — für eine Arbeit nach der italienischen Reise,
besonders wegen der Behandlung des Wassers und der sorgfältigen Ausführung der Federn.
Recht schöne Abdrücke, bei denen ich nur Papier mit einem Stückchen des Ochsenkopfes gefunden habe, sind von hervorstechender Wirkung.

B. 88. Die Versammlung der Kriegsleute.

Ein überall nicht häufiges, in vollkommen schönen Abdrücken aber
ausserordentlich seltnes Blatt, welches zu den ältesten Stichen Dürer's gehört. Man erkennt dieses vorzüglich an der Form des Monogramms und
an der eigenthümlichen Behandlungsweise des Gebüsches in der Landschaft.
Die in neuerer Zeit an der Aechtheit dieses Stiches erhobenen Zweifel halte ich für völlig unbegründet und möchte dabei nur auf die Blätter
B. 82, 83, 86, selbst 86 und 87 verweisen, wo man, freilich bei verschiedenartiger Stichweise, denselben Meister erkennt. Die schönen Abdrücke haben gewöhnlich das Papier mit dem Ochsenkopf oder dem gothischen p.

B. 89. Der Marktbauer. 1519.

Dieses in Dürer's Tagebuch „der neue Bauer" benannte Blatt findet
man fast nie in Abdrücken von recht voller Farbe. Es kömmt ziemlich
häufig vor, doch giebt es alte frische Abdrücke wenig. Diese haben an-

scheinend Kronen-Papier mit 14 Linien Entfernung der Drathstriche. Bei weniger frischen, späteren Drücken trifft man das Papier mit einem Abstand von nur 13½ Linien.

B. 90. Der Bauerntanz. 1514.

In schönen Abdrücken selten. Das Papier derselben ist fest und hat 12½, auch 13½ Linien Entfernung der Drathstriche. Die Platte muß sich lange erhalten haben, denn man findet einzelne ganz schlechte Abdrücke davon.

B. 91. Der Dudelsack-Pfeifer. 1514.

Die alten recht kräftigen Abdrücke sind nicht häufig, ein Wasserzeichen habe ich in den Papieren derselben nicht wahrnehmen können, die Entfernung der Drathstriche betrug 14 auch 13½ Linien.

B. 92. Der Gewaltthätige.

Dieser frühe Stich gehört zu den seltenen, und die Platte scheint in späterer Zeit nicht wieder abgedruckt zu sein, wenigstens sind mir abgenutzte und schwache Drucke davon nicht vorgekommen. Die alten Drucke sind besonders schwarz in Farbe, haben Platten-Grat und gewöhnlich Papier mit dem Wasserzeichen des Ochsenkopfes, doch habe ich einen auch auf Kronen-Papier angetroffen.

B. 93. Der Liebes-Antrag.

Die alten Abdrücke auf Papier mit dem Wasserzeichen des Ochsenkopfs, mit Doppelstrich, Kreuz und Blume darüber, Nr. 2, sind sehr schwarz, manchmal in den tiefen Schatten unklar. Die etwas späteren Abdrücke auf Papier mit dem gothischen p, dessen Drathstriche sehr weit, fast 17 Linien von einander abstehen, oder mit der hohen Krone, sind dem Auge wohlthuender.

B. 94. Der Herr und die Dame oder der Spaziergang.

Durch den sorgfältigen Nachstich Marc Antons von der Gegenseite ist dieses Blatt doppelt interessant, es gehört aber bei aller darauf verwandten Kunstfertigkeit doch ohne Zweifel zu den früheren Arbeiten Dürer's.

Die Platte, wovon die schönen Abdrücke Papier mit dem Wasserzeichen des Ochsenkopfes oder der hohen Krone haben, ist auch noch in späterer Zeit abgedruckt, denn man trifft Abzüge mit dem Wasserzeichen des stehenden Hundes.

B. 95. Das monströse Schwein.

Ich habe in Uebereinstimmung mit Heller dieses Blatt unter die Arbeiten der ersten Periode Dürer's aufgenommen, und bin dazu veranlaßt theils durch die Anführung: daß nach einer alten geschriebenen Chronik eine solche Mißgeburt im Jahre 1496 in der Nähe von Nürnberg gefallen sei, theils auch durch die eigenthümliche Behandlung des Erdreichs im Vorgrunde, welche für die Stiche dieser ersten Periode besonders bezeichnend ist. Sonst würde die sorgfältige Ausbildung der Architektur in der Landschaft und die Form des Monogramms auf eine spätere Zeit schließen lassen. Zum Abdruck muß die Platte jedenfalls erst in späteren Jahren gekommen sein, denn ich habe bei den alten schönen Abdrücken nur einmal Ochsenkopf-Papier, sonst immer das Wasserzeichen der hohen Krone gefunden.

Die Platte ist späterhin aufgestochen.

B. 96. Das kleine Pferd. 1505.

Dieser Stich gehört zu denjenigen, welche man verhältnißmäßig häufig in schönen Abdrücken findet und es scheint, daß derselbe früher nicht besonders berücksichtigt ist. Die mir vorgekommenen alten Abdrücke waren sämmtlich auf Papier mit dem Ochsenkopf nur ein einziger hatte die hohe Krone.

B. 97. Das grosse Pferd. 1505.

Die Abdrücke dieser Platte sind bedeutend seltener als diejenigen der vorhergehenden. Die schönen Exemplare, zuweilen wahrhaft prachtvoll, haben das Wasserzeichen des Ochsenkopfes.

Dieses Blatt gehört übrigens nicht zu denjenigen, deren Dürer in seinem Tagebuche der Reise nach den Niederlanden Erwähnung thut.

B. 98. Der Ritter mit Tod und Teufel. 1513.
von Dürer „ein Reuther" genannt.

Es ist dieser einer der schönsten, vollendetsten und beliebtesten Stiche unsers Meisters, welcher von ihm auf seiner Niederländischen Reise auch zu Geschenken verwandt wurde und in ausgezeichneten Abdrücken, mit am theuersten bezahlt wird. —

Die alten Abdrücke kommen auf demselben Papier vor, welches Dürer zu dem heiligen Hieronymus, B. 60, und der Melancholie, B. 74, gebrauchte. Bei dem Abdruck der Ackermann'schen Sammlung mit breitem Papierrand, welcher indeß nicht zu den Kräftigen gehörte, hatte das Papier das Wasserzeichen des Kruges.

B. 99. Die Kanone. 1518.

Diese Radirung ist in neuen Abdrücken mit Rostflecken häufig, in vollkommen reinen alten Drucken jedoch selten. Die frischesten haben das Wasserzeichen der hohen Krone, doch giebt es noch sehr gute mit dem Wasserzeichen der Thürme, Nr. 9.

B. 100. Das Wappen mit dem Hahn.

Wegen der wundervollen Verzierung des Helms gehört dieser Stich mit zu den vortrefflichsten Arbeiten Dürer's. Die Abdrücke sind häufig schön, zuweilen ganz ausgezeichnet. Der vorzüglichste, welcher mir zu Gesicht gekommen, in der Königlichen Kupferstich-Sammlung zu Copenhagen, hat das Wasserzeichen der verbundenen Thürme, Nr. 8. die übrigen schönen Abdrücke haben das Wasserzeichen der hohen Krone, die geringeren ein festes Papier mit nicht kenntlichem Wasserzeichen, dessen Drathstriche 13¾ Linien von einander entfernt sind, auch wohl das Wasserzeichen Nr. 13. —

B. 101. Das Wappen mit dem Todtenkopf. 1503.

Einer der ältesten, mit der Jahreszahl versehenen Dürer'schen Kupferstiche, von dem ein schöner Abdruck jeder Sammlung zu besonderer Zierde gereicht. Unser Meister erwähnt dieses großen zu den »ganz Pögen« gehörenden Blattes in seinem Tagebuche der Niederländischen Reise nicht, doch befindet sich in der Königlichen Kupferstich-Sammlung zu Copenhagen ein Abdruck von einer solchen Kraft, Schönheit und frischen Erhaltung, daß er ohne Zweifel mit zu den Geschenken gehört, welche Dürer dem Könige von Dänemark, Christian II., in Antwerpen verehrt hat. Dieser ist auf einem sehr festen Papier ohne Wasserzeichen mit ungleicher Entfernung der Drathstriche zu 11 und 13½ Linien. Einige wenige schöne Abdrücke kenne ich auf Papier mit dem Ochsenkopf, der hohen Krone oder der Thürme mit Mauer; die Mehrzahl derselben haben das Wasserzeichen des Kruges, woraus hervorgeht, daß diese Platte noch in der letzten Lebensperiode Dürer's oder nach seinem Tode zum Abdruck gekommen ist.

B. 102. Albrecht von Mainz, von vorn gesehen. 1519.

Dieses, gewöhnlich »der kleine Cardinal« genannte, sehr seltene Brustbild kommt im ersten Etat ohne Text auf der Rückseite, zuweilen in sehr schönen Abdrücken vor.

Sie haben Papier mit dem Wasserzeichen des kleinen Reichsapfels, Nr. 5, und eine Entfernung zwischen den Drathstrichen von 13½ Linien.

Die Abdrücke des zweiten Etats, auf deren Rückseite sich der Titel des eminent seltenen Buches

V'Ortzeichnus und zceigung des Hochlob| wirdigen heiligthumbs der Stifftkirchen der heiligen Sanct Moritz und Ma- |rien Magdalenen zu Halle

befindet*), sind im Jahre 1520 mit geringer Sorgfalt genommen und stehen an Kraft und Klarheit gegen den ersten Etat sehr zurück.

Das dazu gebrauchte Papier hat das Wasserzeichen eines größeren Reichsapfels mit 5stralagem Stern, dessen Drathstriche indeß nur 11½ Linien Abstand haben und welches in Feinheit der Masse und Festigkeit dem Papiere des ersten Etats sehr nachsteht.

B. 103. Albrecht von Mainz im Profil. 1523.

Aus dem noch erhaltenen Briefe an den Cardinal Albrecht, Erzbischof von Mainz, vom Freitag nach Aegidii (13. September) 1523**), wissen wir, daß Dürer die Platte des bezeichneten Portraits nebst 500 Abdrücken schon „vor längerer Zeit" dem Cardinal übersandt hatte.

Aus dem dadurch erwiesenen gleichzeitigen Abdruck einer so bedeutenden Zahl von Blättern erklärt sich die große Gleichmäßigkeit der guten Exemplare, welche man in den Sammlungen findet. Sie sind nur in so fern von einander verschieden, als die besseren Abdrücke Plattengrat und eine wärmere harmonische Färbung haben. Das Papier ist auch das gleiche, mit dem Wasserzeichen des Kruges, Nr. 10, und einer Entfernung der Drathstriche von 13¼ Linien.

Die sehr wenigen besonders kräftigen Abdrücke, wie diejenigen in dem Königlichen Kupferstich-Cabinet zu Dresden und dem Print-room des British Museum, scheinen ganz erste von Dürer zurückbehaltene Probedrücke zu sein, denn diejenigen, zweifellos von den erwähnten 500 Abdrücken herrührenden, welche man in einzelnen kostbaren Büchern aus dem früheren Besitz dieses kunstliebenden Kirchenfürsten als Bibliothekzeichen eingeklebt findet, wie z. B. in dem schönen Missale mit Miniaturen des Glockendon in der Stiftskirche zu Aschaffenburg, sind durchaus nicht besser wie die gewöhnlich vorkommenden Abdrücke. —

Einige wenige gute Abdrücke kommen auch auf Atlas vor.***)

Die Platte ist späterhin aufgestochen und man findet in dem Dürer-Werke der Kaiserlichen Bibliothek in Wien ein Exemplar beider Gattungen zur Vergleichung neben einander. Der retouchirte Abdruck unter-

---

*) Siehe Naumann's Archiv für die zeichnenden Künste. 1. Jahrgang. 3. Heft. Pag. 196.
**) Siehe Campe's Reliquien von Albrecht Dürer, pag. 53.
***) In dem Königlichen Kupferstich-Cabinet zu Berlin und in der Sammlung des Verfassers.

scheidet sich vorzüglich dadurch, daß den Contouren des Mundes und des Kinnes die Barbe fehlt, auch sind in demselben die Nähte des Kleides besonders markirt und die Unterschrift ist merklich unreiner.

B. 104. Friedrich, Churfürst von Sachsen. 1526.

Dieses schöne Bildniß kömmt zuweilen, doch nicht sehr häufig in ganz besonders kräftigen Abdrücken vor, das Papier hat das Wasserzeichen des Kruges und 13"', Linien Abstand der Drathstriche. — Die Platte muß späterhin nach Holland gekommen sein, denn in der Königlichen Kupferstich-Sammlung in München befindet sich ein Abdruck auf Schellenkappen-Papier; er ist indeß matt und das Monogramm sehr verwischt.

B. 105. Philipp Melanchthon. 1526.

Die schönen Abdrücke haben dasselbe Papier als das vorstehende Blatt, doch ist dieses seltener als jenes.

B. 106. Bilibald Pirkheymer. 1524.

Keins der Dürer'schen Bildnisse ist so allgemein verbreitet, als dieses, seines gelehrten und treuesten Freundes. Die Abdrücke kommen daher in den verschiedensten Zuständen und auf den mannigfaltigsten Papieren vor. Die ältesten haben das Wasserzeichen des Kruges oder der kleinen hohen Krone Nr. 36. In dem Königlichen Kupferstich-Cabinet in München habe ich ausnahmsweise einen Abdruck auf Ochsenkopf-Papier gefunden, sie sind kräftig, aber nicht sehr fett in Farbe. Es giebt noch ziemlich gute Abdrücke auf einem Papiere, dessen Wasserzeichen unter einem dem Nürnberger ähnlichen Wappen, einen Mohrenkopf hat, Nr. 16, oder auf einem festen Papier mit 12 Linien Entfernung der Drathstriche.

Die neueren schwärzeren Abdrücke sind von der späterhin aufgestochenen Platte, von der man in der Kaiserlichen Bibliothek zu Wien ebenfalls einen Abdruck zur Vergleichung neben einem des ersten Etats sieht. Sie unterscheiden sich durch eine gewisse Rauheit in den Haaren und den Buchstaben der Unterschrift, auch ist die Halskrause stärker markirt.

B. 107. Erasmus von Rotterdam. 1526.

Dieses Bildniß ist an sich nicht eben selten, doch trifft man davon nur höchst wenige sehr schöne und kräftige Abdrücke. Die beiden vorzüglichsten, welche ich kenne, sind in den Sammlungen des British Museum und des Herrn Felix Slade in London. Die alten Abdrücke haben Papier mit dem Wasserzeichen des Kruges, oder häufiger eines gekrönten Schildes mit zwei Lilien, N. 11, ein Wasserzeichen, welches in etwas abweichender Form zwar schon bei Abdrücken der ältesten Kupferstiche vorkommt, das ich aber bis auf wenige Ausnahmen sonst nie bei anderen Kupferstichen Dürer's, wohl aber bei Zeichnungen desselben aus den Jahren 1525, 1526 und 1528 angetroffen habe.

Spätere Abdrücke findet man auf den verschiedensten Papieren, da die Platte, in guter Beschaffenheit, sich bis auf unsere Zeiten erhalten hat. Sie wird gegenwärtig in der Kupferstich-Sammlung des Schlosses Friedenstein in Gotha aufbewahrt.

Die Abdrücke mit dem Wasserzeichen, des Wappen der Stadt Schrobenhausen, sind zuweilen noch schön, diejenigen mit den Wasserzeichen der beiden Thürme, eines krausen nicht kenntlichen Wappen, und eines großen geschweiften Wappen, unter welchem sich die Buchstaben ℔ befinden, immer noch gut zu nennen, halten indeß den Vergleich mit den älteren Abdrücken nicht aus. Ein interessantes Exemplar von diesen bewahrt die sehr reiche Portrait-Sammlung des Herrn Geheimen Rath Wolff in Bonn. Es hat ein Papier ohne Wasserzeichen, mit Entfernung der Drathstriche von 13 Linien, ist aber dadurch merkwürdig, daß der berühmte Astronom Nicolaus Kracer in lateinischer Sprache darauf bemerkt hat, wie er im Jahre 1520 gegenwärtig gewesen sei, als Dürer den Erasmus für diesen Stich, welcher bekanntlich die Billigung dieses Gelehrten nicht fand, gezeichnet habe.

B. 108. Joachim Patenier.

Dieses seltene Portrait übergehe ich als eines anerkannt nicht von Dürer herrührenden Stiches, und bemerke nur, daß sich in der kostbaren Sammlung des Herrn E. Harzen in Hamburg eine sehr schöne Federzeichnung Dürer's vom Jahre 1520 befindet, welche auf der Rückseite mit dem Namen Patenier bezeichnet, wohl diesem Stich zur Grundlage gedient haben möchte, obgleich sie in einzelnen Theilen von demselben abweicht.

Schließlich habe ich noch einer unvollendeten Platte, Christus am Kreuze darstellend, zu erwähnen, welche auf Grund der Anführung Sandrarts: daß Dürer eine solche nachgelassen habe, unserm Meister zugeschrieben wird und von der einzelne Originaldrücke, mit und ohne Monogramm, sowie mehrere ältere und neuere Copien vorhanden sind. —

Obgleich dieses Blatt in einer alten, wahrscheinlich um die Mitte des 17. Jahrhunderts geschriebenen, aus der Familie Scheurl in Nürnberg herstammenden, „Specification deß gantz Dürerisch Trukhs"*) mit aufgeführt

---

*) Ich verdanke die Mittheilung derselben der Güte des Herrn Professor Rößler in Erlangen.

steht, so wage ich es doch, in Beziehung auf dasselbe, den Ansichten mehrerer mit Recht angesehener Kunst-Autoritäten entgegen zu treten, namentlich der Meinung, welche Herr Dr. Nagler auf pag. 161 seiner Monogrammisten darüber ausgesprochen hat, indem ich entschieden behaupten zu dürfen glaube, daß diese Anlage eines Kupferstiches nicht von Albrecht Dürer herrühren könne.

Meine Gründe dafür sind folgende:

1) Alle Darstellungen des gekreuzigten Heilandes von A. Dürer, sowohl in Gemählden, Kupferstichen, Holzschnitten, als auf zahlreichen Zeichnungen und Entwürfen, sind in der Beziehung vollkommen übereinstimmend, daß der Körper an einem Kreuze von rohem, nur theilweise behauenem Holze, mit der ganzen Schwere an den durchbohrten Händen und ausgestreckten Armen hangt, und nur durch den einen größeren Nagel, welcher beide übereinander gelegte Füße durchbohrt, einigermaßen unterstützt wird. Auf der fraglichen Anlage steht aber der Körper ganz ruhig auf einer an dem Stamm eines ganz platt gezimmerten Kreuzes angebrachten Platte, beide Füße sind nebeneinander von zwei Nägeln durchbohrt, die Arme, außer den Nägeln, welche durch die Hände gehen, noch mit Stricken befestigt.

Eine solche Darstellungsweise der Kreuzigung war bei den ältesten Italienischen Malern gebräuchlich, ist aber von Dürer nie zur Anwendung gekommen.

Interessant in dieser Beziehung sind drei vortreffliche zu einander gehörende Zeichnungen Dürer's, vom Jahre 1505 in der Sammlung des Erzherzogs Albrecht. Sie stellen die Kreuzigung Christi und der beiden Schächer dar. Die Arme der Schächer sind — wie eine schimpflichere Todesart — mit Stricken an das Kreuz gebunden, dagegen Christus nur mit Nägeln durchbohrt auf die vorher beschriebene Weise dargestellt ist.

2) Auf dem Stich ist die rechte Hand des Heilandes ausgestreckt, welche Dürer stets mit krampfhaft zusammen gedrückten Fingern darstellt.

3) Dürer giebt seinem Christus eine breite, doppelt geflochtene Dornenkrone, und die Augenhöhlen haben im Ausdruck des tiefen Schmerzes, mit den äußeren Winkeln eine Biegung nach unten. Auf der Anlage ist die Dornenkrone nur einfach geflochten und die äußeren Winkel der Augenhöhlen haben eine Richtung nach oben, wie denn der Ausdruck des Gesichts, ganz der Dürer'schen Darstellungsweise des schmerzlichen Leidens entgegen, etwas triumphirendes hat.

4) Die reiche Architektur des Hintergrundes weicht, sowohl in der hohen Thurmspitze links, als in den hohen Burgthürmen rechts, wesentlich von allen ähnlichen Darstellungen Dürer's ab. Endlich

5) sind die Umrisse dieser Anlage weder so sicher noch so zart, wie wir sie auf den vorhandenen, unvollendeten Probedrücken der Dürer'schen Platten B. Nr. 1 und 73 bewundern. —

Die Annahme des Herrn Dr. Nagler, daß Dürer in dem aufblickenden

Johannes dieses Stiches den Dr. Martin Luther habe darstellen wollen, dürfte — wenigstens durch die als Beweis angeführte herrliche Zeichnung vom Jahre 1523 in der Sammlung des Erzherzogs Albrecht in Wien — keine Bestätigung finden.

Die fragliche Figur des Stiches weicht wesentlich von jener Zeichnung ab, und nur das Gesicht hat eine entfernte Aehnlichkeit damit. Beide Köpfe aber, sowohl der der Zeichnung wie der der Anlage, sind sehr verschieden von dem Portrait des Dr. Martin Luther, welches Dürer auf der ihm zu Ehren im Jahre 1526 geschnittenen Medaille dargestellt hat.*)

Mit meinen Zweifeln an Dürer's Betheiligung bei dem fraglichen Stiche stehe ich übrigens nicht allein, sie werden unter andern auch von dem gelehrten Vorstande des Print-room im British Museum getheilt, woselbst sich zwei Abdrücke mit und ohne Monogramm befinden. Diese, wie mehre andere mir vorgekommene Abdrücke waren aufgelegt und ich konnte das Papier nicht genau untersuchen; der Abdruck mit dem Monogramm in der Sammlung des Herrn Cornill d'Orville in Frankfurt a. M., früher bei Verstolck, ist indeß auf Papier, welches mir nicht altdeutsch zu sein scheint, wenigstens habe ich das kleine ungewöhnliche Wasserzeichen desselben bei keinem Dürer'schen Blatte angetroffen.

Ein anderer sehr frischer Abdruck vor dem Monogramm, im Besitz des Herrn Geh. Oberfinanzrath Sotzmann in Berlin, ist aber auf entschieden Holländischem Papier, welches das Wasserzeichen des großen Wappen von Amsterdam und knapp 11 Linien Abstand der Drathstriche hat, wie solches im 17. Jahrhundert bei den Zeichnungen und Radirungen Holländischer Meister häufig vorkommt. — Auch hierdurch dürften die gehegten Zweifel bedeutend verstärkt werden.

*) siehe Will's Nürnbergische Münz-Belustigungen.

Abschnitt II.

Die Holzschnitte Albrecht Dürer's.

Einleitung.

Ich bekenne mich, ungeachtet der vielfach dagegen erhobenen Zweifel, zu der Ansicht, daß Albrecht Dürer selbst den Holzschnitt ausgeübt hat, wenngleich viele Holzschnitte mit seinem Zeichen vorhanden sind, bei denen er das Messer nicht geführt, manche, bei denen er nicht einmal die Zeichnung auf den Holzstock selbst gemacht haben wird.

Bei der großen Gewandheit, welche Dürer in allen Kunstfertigkeiten besaß, namentlich auch dem Schnitzen in Holz, müßte es unbegreiflich sein, wenn er sich nicht auch als Formschneider versucht haben sollte, zumal er vor dem Schlusse des 15. Jahrhunderts (1498) auch als Buchdrucker auftritt und in dem letzten Drittel dieses Jahrhunderts, wie Passavant im I. Theil seines Peintre graveur, pag. 57 bis 64, näher nachweiset, zahlreiche Deutsche Maler als Zeichner, Formschneider und Drucker zugleich vorkommen. —

Auch ist es ja aus seinen eigenen Notizen bekannt*), daß „Meister Sebald Rädleinmacher bei dem Sonnenbade" und „Hanns Franck in der Fröschau" ihm die Stöcke zurichteten. —

Namentlich in der früheren Zeit möchte unser Meister auch vergeblich Formschneider von Profession gesucht haben, welche in seinem Geiste mit der Freiheit und Großartigkeit hätten arbeiten können, wie wir sie in der im Jahre 1498 vollendeten vortrefflichen Holzschnittfolge der Offenbarung Johannis bewundern. — Wie gering die Zahl der Formschneider in Nürnberg bis zum Schluß des 15. Jahrhunderts gewesen, geht aus den verdienstlichen „Beiträgen zur Kunstgeschichte Nürnbergs, von J. Baader, Nördlingen 1860," hervor, nach welchen, p. 5, bis dahin nur vier Formschneider als Meister und Bürger aufgenommen, sowie bei dem Magistrat beeidigt waren.

Späterhin hatte sich dieses allerdings sehr geändert, geschickte Form-

---
*) S. Leben Albrecht Dürer's, von Roth. Leipzig 1791. pag. 41.
vergl. Archiv des historischen Vereins von Unterfranken. 14. Band. 2. Heft.

schneider, die nur als solche ihre Kunst übten, waren, auch in Nürnberg, nicht selten und wie erweislich die späteren großen Holzschnittwerke, welche Dürer für den Kaiser Maximilian zu arbeiten hatte, der Triumphbogen und der Triumphwagen, nicht von ihm geschnitten sind, so ist auch in früheren, technisch sehr vollendeten Holzschnitten, namentlich aus den Jahren 1511 und 1512, die eigne Hand des Meisters nicht mehr zu erkennen. Dasjenige, was Passavant in seinem Peintre graveur, Vol. 1, pag. 68 und folgende, als Beweis dafür anführt: daß unser Meister überall nicht den Formschnitt geübt habe, beweist nur, daß die Stöcke seiner vorhin erwähnten späteren Werke, namentlich nach 1515, nicht von ihm selbst geschnitten sind, wogegen Niemand einen Zweifel erheben wird, der sich ernstlich mit den Holzschnitten unseres Meisters beschäftigt hat. —

Bei den Holzschnitten findet übrigens, in Beziehung auf die Güte der Abdrücke, eine weit geringere Abstufung statt als bei den Kupferstichen, und es tritt häufig gegen diese der umgekehrte Fall ein: daß diejenigen Abdrücke mit recht voller Farbe neuer sind als die helleren, weniger kräftig scheinenden.

Viele Holzstöcke Dürer's haben sich lange in verhältnißmäßig gutem Zustande, theilweise bis auf die neuesten Zeiten erhalten, und die Gefahr, durch neuere Abdrücke getäuscht zu werden, ist daher bei Holzschnittblättern weit größer als bei Kupferstichen.

Hier bietet das Studium der Papiere und ihrer Wasserzeichen eine sehr wesentliche Hülfe dar, welche um so wirksamer ist, als bei dem in der Regel größeren Format der Blätter die Wasserzeichen weit häufiger sichtbar sind, das Papier auch selten so geflickt, oder durch Waschen, Bleichen und Pressen so mißhandelt ist, wie man es nur zu häufig bei den Stichen findet.

Die Papiere, welche Dürer zu den Abdrücken seiner Holzschnitte gebrauchte, sind durchschnittlich von einer dickeren, weniger feinen Masse als diejenigen zu seinen Kupferstichen verwendeten, wenngleich sie — den Wasserzeichen nach — theilweise wenigstens aus denselben Papiermühlen herrühren.

Besonders starke und feste Papiere finden sich bei den Holzschnitten, welche Text auf der Rückseite haben, die stärksten bei den drei großen Holzschnittfolgen der Apocalypse, des Lebens der Jungfrau und der großen Passion. —

Die von unserm Meister erweislich während seines Lebens zu Holzschnitten gebrauchten Papiere haben die folgenden, möglichst chronologisch geordneten Wasserzeichen:

1) Den Ochsenkopf mit einfachem Strich und Blume,
2) Denselben mit doppeltem Strich und Blume darüber.

3) Die hohe Krone mit 5 Perlen im Stirnbande und einem Kreuz auf dem Bügel,
4) Eine Wage im Kreise,
5) Zwei verbundene Thürme mit Zinnen,
6) Einen Reichsapfel mit 5strahligem Stern,
7) Eine Urne,
8) Eine Hand mit Blume,
9) Einen Thurm mit einer Krone darüber,
10) Eine sechsblättrige Blume, mit Strich und einem Dreieck darunter,
11) Einen Anker,
12) Denselben im Kreise,
13) Den Ochsenkopf mit einem Schlangenstabe darüber,
14) Einen Dreizack,
15) Einen Krug mit Henkel,
16) Ein Oval mit Stern,
17) Einen stehenden Hund,
18) Eine kleine hohe Krone,
19) Einen kleinen Reichsapfel mit Kreuz darüber,
20) Ein verziertes gothisches p,
21) Ein doppeltes römisches A mit Kreuzstrich darüber.

ad 1. Das Wasserzeichen des Ochsenkopfes mit einfachem Strich und einer fünfblättrigen Blume darüber; Strich und dreieckiger Spitze darunter, Nr. 19, wie solches in den Papieren der schönsten Abdrücke Dürerscher Kupferstiche so häufig vorkommt, ist bei den Holzschnitten selten. Ich habe es nur bei einzelnen Probedrücken vom Leben der Maria, der Apocalypse und der grofsen Passion angetroffen. Das Papier ist fast von derselben Feinheit wie bei den Kupferstichen und die Drathstriche sind 13½ bis 13¾ Linien von einander entfernt.

ad 2. Das Papier mit dem Ochsenkopf, über welchem auf einem doppelten Strich ein Kreuz und darüber eine Blume, auch wohl letztere ohne das Kreuz, sichtbar sind, Nr. 20 und 20*, ist ebenfalls selten. Es findet sich bei Probedrücken von der kleinen Passion, bei ersten Drücken von Holzschnitten vom Jahre 1510, auch bei Probedrücken vom Leben der Jungfrau, namentlich B. Nr. 76, 93 und 94. —

Das Papier ist ebenfalls von einer feinen Masse und die Drathstriche haben eine Entfernung von 13½ bis 14 Linien.

ad 3. Die hohe Krone, wie solche unter Nr. 21 abgebildet ist, kommt wie bei den grofsen Kupferstichen Dürer's, so auch bei den schönen alten Abdrücken seiner Holzschnitte am häufigsten vor und ist stets ein sicheres Unterscheidungszeichen derselben von neueren Drücken.

Unser Meister verwandte dasselbe nicht nur zu vielen der ersten Abdrücke des „Lebens der Jungfrau" und der „kleinen Passion", sondern auch zu der Ausgabe der letzteren mit Text, wie zu anderen nicht zu grofsen Holzschnitten.

Die Entfernung der Drathstriche ist bei den zu Holzschnitten verwendeten Papieren mit diesem Wasserzeichen, wie bei den feineren zu den Kupferstichen gebrauchten Sorten, nicht gleich, sie wechselt zwischen 12½ bis 15½ Linien.

Papier mit diesem Wasserzeichen, jedoch in etwas veränderter Form, auch wohl mit dem Buchstaben S im Bügel, findet man noch, auf einzelnen Bogen der ersten Ausgabe von Dürer's „Underweysung der meßung, mit dem Zirckel vñ richtscheyt etc.", vom Jahre 1525; es hat hier eine Entfernung der Drathstriche von 14¼ Linien.

ad 4. Die Waage im Kreise, Nr. 22 oder 22*, trifft man bei einem Papiere von schöner weißer Masse, dessen Drathstriche einen Abstand von 13¾ bis 14¼ Linien haben. Das Papier kommt nicht häufig vor, man findet es jedoch namentlich bei ersten Drucken aus dem Leben der Jungfrau.

ad 5. Zwei durch eine Mauer verbundene Thürme mit Zinnen, unten mit einer Spitze, Nr. 23, findet man nur selten um das Jahr 1511 — mit einer Entfernung der Drathstriche im Papier von 12¾ Linien.

ad 6. Ein Reichsapfel mit Strich und fünfstrahligem Stern, Nr. 24 oder 24*, befindet sich in einem Papiere von fester Masse. Dürer hat ein großes Format desselben, in welchem das Wasserzeichen Nr. 24 ist, und dessen Drathlinien 15, sogar 16½ Linien Abstand haben, zu den ersten Drucken der großen Passion und zu den Probedrucken der Apocalypse, vor dem Text von 1511 verwandt; also um das Jahr 1510, ebenso zu den etwa gleichzeitigen großen Holzschnitten B. Nr. 102, 117, 120, 128 und 131. —

ad 7. Die Urne, Nr. 25 oder 25*, trifft man bei den zweiten Drucken Dürer'scher Holzschnitte vom Jahre 1510. Die Masse des Papiers ist auffallend grob, von gelblicher Farbe, zwischen den Drathstrichen ist eine Entfernung von durchschnittlich 12½ Linien.

ad 8. Das Wasserzeichen einer Hand mit Blume, Nr. 26, kommt mit einer Entfernung der Drathstriche von 14½ Linien bei einzelnen alten Drucken vom Jahre 1511 vor, doch trifft man dasselbe auch bei späteren Drucken des Lebens der Jungfrau, dann aber auf etwas dünnerem Papier mit nur 11 Linien Abstand der Drathstriche.

ad 9 und 10. Ein Thurm mit einer Krone, Nr. 27, und eine sechsblättrige Blume mit Strich und dreieckter Spitze, Nr. 28, sind die Wasserzeichen derjenigen Papiere, welche Dürer zu den drei großen Holzschnittfolgen bei ihrer Herausgabe mit Text im Jahre 1511 gebrauchte, von ihm in seinem Tagebuche der Niederländischen Reise, die drei großen Bücher genannt. Die beiden Papiersorten sind von sehr abweichender Bearbeitung und ohne Zweifel aus zwei verschiedenen Fabriken.

Diejenige mit dem Thurm hat kenntliche Drathstriche, in einer Entfernung von 20 Linien, bei der anderen mit der Blume sind solche nicht wahrzunehmen.

Die Bogen, von auffallend fester Masse, haben bei unbeschnittenem

Rande eine Höhe von 17 Zoll 3 Linien und zusammengelegt eine Breite von 12½, Zoll. Sie geben zwei bedruckte Blätter, von denen das eine Wasserzeichen, das andere keines hat.

Unser Meister verwandte zu allen drei Folgen dasselbe Format, so daß bei den wenigen Exemplaren, wo man alle drei Werke in ursprünglicher Größe beisammen findet*), der Papierrand der Holzschnitte zum Leben der Jungfrau um so viel breiter ist, als bei den übrigen.

In der Regel wurden von den beiden Papiersorten immer ein Bogen um den andern genommen. Das Wasserzeichen mit der Blume, Nr. 28, kömmt auch zuweilen bei einzelnen andern größeren Dürer'schen Holzschnitten vor. —

ad 11. Den Anker, Nr. 29, habe ich nur bei Probedrucken der kleinen Passion angetroffen.

ad 12. Der Anker im Kreise, Nr. 30 und 30*, ist häufiger und findet sich bei ersten Drucken von Holzschnitten vom Jahre 1515, doch auch bei solchen von den Jahren 1523 und 1525. Das Papier ist fest, wenn auch nicht von sehr feiner Masse. Die Entfernung der Drathstriche beträgt 13½, bis 14 Linien.

ad 13. Das Papier mit dem Ochsenkopf, über welchem ein Schlangenstab sichtbar ist, Nr. 31, trifft man bei ersten Drucken vom Jahre 1518 und später. Das Papier ist sehr fest und die Drathstriche haben einen Abstand von 12½ Linien.

ad 14. Ein Dreizack, in der Form von Nr. 32, ist das Wasserzeichen desjenigen Papiers, welches 1522 und 1523 zu den ersten Editionen des Triumphwagens Kaiser Maximilians, B. 139, verwandt wurde, die Drathstriche desselben sind 13*, bis 14 Linien von einander entfernt. Das Wasserzeichen, Nr. 32*, findet man häufig in dem Papiere der Handschriften Dürer's.

ad 15. Ein Krug mit dem Henkel, Nr. 33, — bei den Kupferstichen unsers Meisters, nach seiner Rückkunft aus den Niederlanden vorherrschend — findet sich bei Holzschnitten erst 1525 in der ersten Edition von dessen „Underweysung der messung, mit dem zirkel vñ richtscheyt etc." Das Papier ist fest und die Entfernung der Drathstriche beträgt 13 bis 13¼ Linien.

ad 16. Ein kleines Oval mit Stern, Nr. 34, ist das Wasserzeichen des Papiers, auf welchem die seltne kleine Jungfrau vom Jahre 1526, B. Nr. 98, gedruckt ist, es hat 15 Linien Abstand der Drathstriche. —

ad 17. Der stehende Hund mit Halsband und gestutzten Ohren, Nr. 35, welchen Heller für einen Bären gehalten hat**), kommt bei Holz-

---

*) z. B. In der Ambraser Sammlung zu Wien, auf der Königlichen Bibliothek zu Dresden und in der Kupferstich-Sammlung des Friedensteins zu Gotha.

**) Das Leben und die Werke Albrecht Dürer's. 2. Bd. pag. 21.

schnitten erst später, namentlich 1527, in Dürer's „Underricht zu befestigung der Stett, Schlosz und flecken" vor. Das Papier hat zwischen den Drathstrichen eine Entfernung von 13 Linien.

ad 18. Das Wasserzeichen einer kleinen Krone, Nr. 36, welche oft unregelmäßig geformt ist und ein Kreuz, einen Stern, auch Kreuz und Stern oben auf dem Bügel hat, findet man nicht früher als bei ersten Drucken von Holzschnitten des Jahres 1527. Die Güte des Papiers ist verschieden, auch haben die Drathstriche einen Abstand von 12½ und 11½ Linien.

ad 19. Ein kleiner Reichsapfel mit Kreuz darüber, Nr. 37, kommt, jedoch selten, um das Jahr 1525 in Papieren mit 13 Linien Entfernung der Drathstriche vor. —

ad 20. Ein verziertes P. Nr. 38, findet sich bei den ersten Abdrücken von dem Portrait Albrecht Dürer's in einem Papiere, dessen Drathstriche 13½ Linien Abstand haben.

ad 21. Ein doppeltes Römisches A mit einem Kreuzstriche darüber, Nr. 39, ist das Zeichen eines Papiers von 15½ Linien Entfernung der Drathstriche, welches bei einzelnen Abdrücken der großen Passion ohne Text angetroffen wird. —

Die vorbeschriebenen Wasserzeichen sind diejenigen, welche man am häufigsten bei den alten, zu Dürer's Lebzeiten genommenen Abdrücken seiner Holzschnitte findet; es kommen indeß einzelne Abdrücke, welche ihrer Reinheit und Schönheit nach zu diesen gezählt werden müssen, auch auf Papieren mit abweichenden Zeichen vor. Diese sind indeß theils nicht genau kenntlich, theils behalte ich mir vor, sie bei den einzelnen Blättern zu erwähnen.

Viel mannichfaltiger als bei Dürer's Kupferstichen sind bei dessen Holzschnitten die Wasserzeichen derjenigen Papiere, welche man bei den späteren Abdrücken derselben antrifft, eine natürliche Folge davon: daß die Holzstöcke weit länger als die Kupferplatten brauchbare Abdrücke gaben, auch der Werthlosigkeit des Materials wegen, weniger abhanden gekommen oder zu anderen Zwecken verbraucht sind. —

Es würde zu weit führen, von allen diesen nach Dürer's Tode vorkommenden Wasserzeichen, welche theilweise einen Zeitraum von mehreren Jahrhunderten begreifen, Nachbildungen zu geben, doch habe ich von einigen der wichtigsten oder am häufigsten vorkommenden Durchzeichnungen nehmen lassen. Es sind:

Nr. 40. Ein verziertes Römisches K, Entfernung der Drathstriche 12½ Linien.

Nr. 41. Das Wappen der Stadt Nürnberg, Entfernung 10½ bis 11 Linien.

Nr. 42 und 42*. Eine Art Fischblase mit Stern oder Blume, Entfernung 10 bis 11 Linien.

Nr. 43. Zwei geschweifte, wie ein Hufeisen verbundene Thürme, Entfernung 12½ Linien.

Nr. 44. Ein geschweiftes langes Wappen, Entfernung 12½ Linien.
Nr. 45. Ein großes geschweiftes Wappenschild mit Krone, Entfernung 11½ bis 12 Linien.
Nr. 46. Ein Wappenschild mit Querbalken, Entfernung 10 Linien.
Nr. 47. Eine Schlange, Entfernung 12 und 12½ Linien.
Nr. 48. Ein verziertes P mit dem Buchstaben A darin, Entfernung 13 bis 13½ Linien.
Nr. 49. Das Wappen von Augsburg, Entfernung 14½ Linien.
Nr. 50. Dasselbe Wahrzeichen in einem geschweiften Schilde mit einem A darunter, Entfernung 11½ bis 13½ Linien.
Nr. 51 und 51ª. Ein doppelter Reichsadler mit Krone, Entfernung 11 Linien.
Nr. 52. Eine Lilie mit Krone, Entfernung 11, 12⁰, bis 13½ Linien.
Nr. 53. Dieselbe im Kreise, Entfernung 14½ Linien.
Nr. 54. Dieselbe in einem geschweiften Wappenschilde mit Krone darüber, Entfernung 13½ Linien.
Nr. 55. Ein Römisches E im Kreise, Entfernung 13 Linien.
Nr. 56. Eine herzförmige Figur, Entfernung 12 Linien.
Nr. 57. Ein geschweiftes längliches Wappenschild, Entfernung 13½ Linien.

Die Beachtung der Papiere und ihrer Wasserzeichen allein, reicht indeß bei Holzschnitten eben so wenig als bei den Kupferstichen aus, um mit Sicherheit die älteren Abdrücke von den neueren zu unterscheiden. Bei den Holzschnitten bleibt das wesentlichste Kennzeichen immer die größere Schärfe und Reinheit des Drucks, sowie das Nichtvorhandensein von Aussprüngen in den Rändern, von Rissen, Wurmlöchern oder sonstigen kleinen Beschädigungen, denen die Holzstöcke bei fortgesetztem Gebrauch oder durch die Länge der Zeit ausgesetzt sind.

In Beziehung auf die Reinheit des Drucks darf indeß nicht unbeachtet bleiben, daß ältere Abdrücke mit Text auf der Rückseite oft weniger klar und rein sind, als spätere ohne Text. —

Mit Ausnahme der Abdrücke der ersten Editionen der Apocalypse vom Jahre 1498, bei denen die Holzstöcke mit großer Sorgfalt geschwärzt und gedruckt, welche daher scharf und rein sind, findet man durchschnittlich die Abdrücke aller Dürer'schen Holzschnittfolgen — sobald Text auf der Rückseite ist — nicht so klar, als gute Abdrücke desselben Holzstocks ohne Schrift.

Es läßt sich dieses nur dadurch erklären, daß die zu der Schrift verwandte Druckerschwärze auch für die Holzschnitte gebraucht und weniger sorgfältig mit den damals gebräuchlichen Lederballen aufgetragen wurde. Auch mögen die mangelhafte Construction der damaligen Druckerpressen, die den Druckern gewöhnliche schnelle Handhabung derselben, so wie die, durch den Eindruck der Buchstaben, auf der Rückseite entstandene Ungleichheit der Fläche des Papiers mit daran Schuld sein.

Die Druckerschwärze, welche bei den Dürer'schen Editionen vom Jahre 1511 gebraucht wurde, war häufig unrein und zu stark aufgetragen, daher in den Schattenparthien der Holzschnitte nicht selten Unklarheiten entstanden sind.

Diese Mängel, welche oft weniger oft mehr hervortreten, beweisen, daß Albrecht Dürer auf die Abdrücke der im Jahre 1511 herausgegebenen Holzschnittfolgen nicht die persönliche Sorgfalt verwandt hat, wie auf die Holzschnitte ohne Text und auf die Ausgaben der Apocalypse vom Jahre 1498. —

Daß unser Meister übrigens selbst im Besitz einer Buchdruckerpresse und der erforderlichen Typen gewesen ist, wird nach den Schlußschriften der verschiedenen Editionen „Gedrucket zu Nurmbergk durch Albrecht dürer Maler" und „Impressum Nurnberge per Albertum Durer Pictorem" nicht bezweifelt werden können, auch erkennt man in den semigothischen Typen des lateinischen Textes der Apocalypse, bei der Ausgabe vom Jahre 1511 dieselben, welche bei der Edition vom Jahre 1498 verwandt wurden, von welchen sie sich nur durch eine geringere, während des Gebrauchs verloren gegangene Schärfe unterscheiden. Ebenso sind die zum Leben der Jungfrau, der großen und kleinen Passion gebrauchten lateinischen Typen einander ganz gleich. —

Diese letzteren Typen kommen in Nürnberg zuerst bei einzelnen alten Drucken vom Jahre 1501 und 1502, namentlich „Opera Hrosvitae" „Celtis .... libri amorum" vor, und bei der genauen Uebereinstimmung der zu diesen Werken gebrauchten Lettern, mit denen, welche Dürer zu den vorbezeichneten Folgen verwandte, wird man zu der Annahme berechtigt, daß unser Meister jene zu diesem Zweck erworben hat.

Die Druckerei in Nürnberg, in welcher sie zuerst angewandt wurden, ist mit Sicherheit nicht bekannt, doch waren diese lateinischen Typen damals noch selten, und auch an der Stumpfheit derselben bei den Dürer'schen Drucken im Vergleich zu den erwähnten Werken erkennt man, daß sie durch früheren Gebrauch abgenutzt waren.*)

Die Gehülfen, denen Albrecht Dürer im Jahre 1511, selbst durch vielfache andere Arbeiten in Anspruch genommen, den Abdruck seiner Holzschnittfolgen überlassen haben wird, sind übrigens oft sehr nachlässig gewesen, denn die Abdrücke sind auch unter einander keinesweges gleich, und bei einzelnen Holzstöcken treten noch während des Druckes kleine Beschädigungen ein, oder werden Fehlstellen sichtbar, welche dann bei den späteren Abzügen immer bemerkbarer erscheinen.

Im Allgemeinen sind die Abdrücke der großen Passion und der Apo-

---

* Diese Notizen verdanke ich der Güte meines verehrten Freundes, des in allem, was alte Kunst und besonders alte Drucke betrifft, höchst erfahrenen Herrn Senator Culemann hierselbst, welcher mich überhaupt durch seine Einsicht wesentlich bei diesem Abschnitt zu unterstützen die Gewogenheit gehabt hat

calypso vom Jahre 1511 die am wenigsten gelungenen, wogegen bei dem Leben der Jungfrau eine sorgfältigere Behandlung, namentlich auch eine größere Schärfe der Typen wahrzunehmen ist. Bei der kleinen Passion hat es ohne Zweifel nachtheilig eingewirkt, daß vier Holzstöcke gleichzeitig auf einem Papierbogen abgezogen wurden. —

Nach Beendigung des Drucks scheint Dürer den Holzstöcken keine weitere Aufmerksamkeit geschenkt zu haben, denn von späteren Abdrücken ohne Text, welche bei Dürer's Lebzeiten genommen wären, findet sich keine Spur. Nur die Holzstöcke der Titel wird Dürer, vielleicht um spätere Editionen ohne sein Zuthun unmöglich zu machen, zurückgezogen und besonders bewahrt haben; da von allen vier Folgen — wie ich bei den einzelnen derselben nachweisen werde — diese Titel nicht bei den übrigen Holzstöcken geblieben, sondern nach Dürer's Tode verloren oder in andere Hände übergegangen sind. —

Die Apocalypse.

Die ältesten, als solche mit Sicherheit ermittelten Holzschnitte Dürer's, sind die 15 Blatt der Offenbarung Johannis oder der Apocalypse (Bartsch 61 bis 75), welche derselbe im Jahre 1498 sowohl mit lateinischem wie mit deutschem Text auf der Rückseite herausgegeben hat.

Für die erste Arbeit dieser Gattung ist es ein eben so umfassendes als vortreffliches Werk, und der Meister wird wohl mehrere Jahre daran gearbeitet haben, da meiner, mit C. Fr. von Rumohr[*]) übereinstimmenden Ansicht nach, diese Holzstöcke sämmtlich von ihm selbst geschnitten sind. Das lebendige des Schnitts, bei der hie und da unverkennbaren Unsicherheit der Technik spricht dafür, so wie die thunlichste Vermeidung der Querstriche in den Schraffirungen[**]), auch sind, wie bereits in der Einleitung erwähnt ist, gleichzeitige Holzschnitte anderer Formschneider von ähnlichem Umfange und derselben Vortrefflichkeit nicht bekannt.

Diese erste, ganz vollständig, sehr selten vorkommende Ausgabe, ist neben der großen Reinheit und Schärfe der Abdrücke besonders daran kenntlich, daß das Papier kein Wasserzeichen, aber sehr bemerkbare Drathstreifen hat, welche durchschnittlich 15 Pariser Linien von einander entfernt sind.

Die zweite Ausgabe, welche Albrecht Dürer im Jahre 1511 nur mit lateinischem Text und unter Hinzufügung des Holzschnitts auf dem Titel. B. 60, veranstaltete, tritt in Beziehung auf Schärfe und Reinheit der Abdrücke, sehr gegen die erste Ausgabe zurück, bei welcher, wie vorher erwähnt, unser Meister selbst das Schwärzen und Drucken überwacht zu haben scheint.

Ausserdem ist sie an den Papieren kenntlich, welche die Wasserzeichen Nr. 27 und 28 haben, auch sind in dem Schriftsatz des lateinischen Textes

---

[*]) Zur Geschichte und Theorie der Formschneidekunst von C. Fr. von Rumohr. Leipzig 1837. pag. 82 und 83.

[**]) Von den Sachverständigen pflegt das Vorkommen von Kreuzschraffirungen als ein Beweis gegen die Eigenhändigkeit Dürer'scher Holzschnitte angeführt zu werden, indem er bei der großen Mühe und Arbeit, welche jene veranlassen, bei eigenem Schnitt sie vermieden haben würde. S. u. a. Jackson treatise on wood engraving. London 1839.

einige Abweichungen gegen die erste Ausgabe bemerklich; so steht unter anderen: Bei dem Text von Bartsch Nr. 64, in der 1. Columne, 4. Zeile, die Phrase „Item ad terciam figuram"
    bei der 1. Edit. über der Ziffer VI.,
    „   2.   „   über dem Worte Capitulum,
in der 10. Zeile:
    1. Edit.: super illuz habe,
    2.   „   sup illum habe;
in der 11. Zeile:
    1. Edit.: et exivit,
    2.   „   t exivit;
in der 12. Zeile:
    1. Edit.: Et cum,
    2.   „   Et cū;
in der 2. Columne, 1. Zeile:
    1. Edit.: Et vidi alterum angelū,
    2.   „   Et vidi altez angelum.
Bei dem Text von B. 74 steht in 1. Columne, 1. Zeile:
    1. Edit.: iohannem,
    2.   „   Johānem;
in der 4. Zeile:
    1. Edit.: Itē,
    2.   „   Item;
in der 6. Zeile:
    1. Edit.; descē,
    2.   „   descen;
in der 7. Zeile:
    1. Edit.: potestatez,
    2.   „   potestatem. u. s. w.

  Vor dieser zweiten Ausgabe hat Dürer von einzelnen Platten Abzüge ohne Text auf der Rückseite nehmen lassen, doch nach den Papieren, auf welchen sie vorkommen und die fast durchgehends das Wasserzeichen des großen Reichsapfels mit Stern, Nr. 24, ausnahmsweise den Ochsenkopf mit der Blume, Nr. 19, haben, nicht lange Zeit vor dem Druck mit Text. Auch findet man bei diesen Abdrücken schon einzelne kleine Fehlstellen in den Einfassungsstreifen, welche bei der ersten Edition noch nicht sichtbar sind, wohl aber bei der zweiten. Ganze Folgen kommen davon nicht vor und die einzelnen Abdrücke sind überhaupt sehr selten. Bekannt sind sie mir nur von den Blättern, B. 61, 63, 64, 65, 74. Nr. 75 ist immer ohne Text.
  Diese Abdrücke, von denen man B. 61, 64 und 74 am häufigsten antrifft, sind, wenn auch nicht ganz so scharf wie die gelungensten der ersten Ausgabe, sehr kräftig und schön. Besonders malerisch erscheinen die Abdrücke der Marter des Johannes, B. 61, auf welche Dürer besondere Sorgfalt verwandt zu haben scheint.

Wenn man die Abdrücke der ersten Editionen vom Jahre 1498 mit Text als Ersten Etat bezeichnet, so würden die vorbezeichneten Abdrücke ohne Text der Zweite Etat, die Abdrücke vom Jahre 1511 mit lateinischem Text aber der Dritte Etat sein. —

Von dem Holzschnitt des Titels, B. 60, sind mir nur drei Abdrücke ohne Text bekannt. Sie haben das Wasserzeichen der zwei verbundenen Thürme mit Spitze darunter, Nr. 23, und Entfernung der Drathstriche von 12¼ Linien, der Holzstock davon muß sehr bald nach dem Abdruck im Jahre 1511 abhanden gekommen sein. Spätere Abdrücke der Apocalypse ohne Text habe ich nur selten angetroffen, man findet in dem Papier die Wappen der Städte Nürnberg und Augsburg als Wasserzeichen. Die Holzstöcke scheinen daher nicht ferner benutzt zu sein, wenngleich dieselben noch gegen Ende des vorigen Jahrhunderts in Paris vorhanden gewesen sein sollen.*) Häufig trifft man aber die alten Copien vom Jahre 1502 mit dem bei Heller, pag. 637, abgebildeten Monogramm.

In welcher Reihenfolge nach der Offenbarung Johannis, diejenigen Holzschnitte Dürer's gearbeitet sind, welche keine Jahrszahl tragen, dürfte mit Sicherheit schwer zu bestimmen sein. Heller hat zwar eine Ordnung derselben versucht,**) doch ist sie wenig begründet und, wie ich nachweisen werde, keineswegs stichhaltig.

Zu den früheren Holzschnitten, welche vor der Reise nach Venedig beendigt waren, gehören unstreitig die Blätter, B. 99, 104, 110 und 112, so wie die 17 Blatt aus dem Leben der Jungfrau, „unser Frauen-Leben", B. 77 bis 92 und 95, da diese sämmtlich von Marc Anton mit dem Monogramm Dürer's schon um 1506 copirt und in den Handel gebracht waren. Daß Marc Anton die Copien von dem Leben der Jungfrau jedenfalls früher anfertigte, als Dürer die ganze Folge der 20 Holzschnitte mit dem Text im Jahre 1511 herausgab, glaube ich durch Folgendes begründen zu können:

1) Auf der Copie Marc Antons von der Verkündigung, B. 83, befindet sich rechts oben, unter dem Querbalken des Zimmers, die Jahrszahl 1506, welche — da sie auf dem Original-Holzschnitt nicht vorhanden ist — ohne Zweifel den Zeitpunkt der Vollendung des Nachstichs bedeutet. Dieselbe Jahrszahl 1506 ist auch auf der Copie Marc Antons von dem Holzschnitt B. 112, die Heiligen Johannes und Hieronymus, vorhanden.***)

2) Hätte Marc Anton das Leben der Maria später nachgebildet, so würde er ohne Zweifel auch die im Jahre 1510 geschnittenen Blätter, B. 93 und 94, sowie den Titel, B. 76, copirt haben, da diese fast die schönsten

---

*) S. Heller, 2. Theil, pag. 636.
**) S. denselben, pag. 931.
***) S. Bartsch peintre graveur, vol. 14, pag. 410.

Blätter der ganzen Folge sind und er späterhin die kleine Dürer'sche Passion ganz vollständig mit dem Titel nachstach.

3) Bereits im Jahre 1508 erliess der Rath zu Nürnberg ein Verbot des Verkaufs der mit dem Monogramm Dürer's bezeichneten Nachstiche,*) solche mussten daher damals schon im Handel verbreitet sein.

4) Waren die Nachstiche Marc Antons schon im Jahre 1506 vollendet, so klären sich die Widersprüche wegen der Reise Dürer's nach Venedig, um gegen Marc Anton deshalb klagbar zu werden, ganz einfach durch die bekannte Reise desselben in den Jahren 1506 und 1507 auf. —

Vasari sagt in seinem Leben des Marc Antons**), dass dieser bei den Nachstichen von Dürer'schen Holzschnitten mit dessen Monogramm solche so täuschend nachgeahmt habe, dass, da niemand wusste, die Stiche seien von Marc Anton, sie für Arbeiten Albrecht Dürer's gehalten und als solche feil geboten und gekauft wären. Da man dieses dem Dürer geschrieben und ihm ein Exemplar dieser Nachstiche gesandt habe, so wäre derselbe so erzürnt worden, dass er sich aufgemacht habe und nach Venedig gekommen sei, um bei der Signoria über Marc Anton, welcher sich damals in Venedig aufhielt, Klage zu führen. Er habe indess nichts anderes erreicht, als dass jener nicht ferner, weder den Namen noch das Monogramm Dürer's in seinen Arbeiten habe anbringen dürfen. Vasari verwechselt zwar die Nachstiche der kleinen Passion mit denen des Leben der Jungfrau, indem er von ersteren anführt, sie seien mit Dürer's Monogramm versehen, welches gerade umgekehrt der Fall ist, doch möchte kein Grund vorhanden sein, an der von Vasari so bestimmt angeführten Veranlassung der Reise Dürer's zu zweifeln. — Ganz übereinstimmend mit dem von Vasari berichteten Erfolg der Klage Dürer's bei der Signoria ist es: dass Marc Anton bei dem Nachstich der ganzen kleinen Passion mit Titel, welcher erst nach dem Jahre 1511, wo Dürer solche herausgab, erfolgen konnte, nicht mehr das Dürer'sche Monogramm, sondern sein eigenes Täfelchen anbrachte.

5) Dass ein Theil der Dürer'schen Holzschnitte zu dem Leben der Jungfrau schon vor dessen Reise nach Venedig beendigt war, beweist auch die Jahrszahl 1504, welche sich auf dem schönen Blatte der Umarmung Joachims, B. 79, befindet, ein Blatt, welches zu den ausgebildetsten und vollendetsten der ganzen Folge gehört. Bartsch liest zwar die Jahrszahl 1509 und Andere, namentlich Heller, schreiben ihm hierin, wie so oft, ohne eigne Kritik nach. Doch ist der Irrthum leicht nachzuweisen, wenn man die bei Dürer gebräuchliche Form der Zahl 9 auf andern Holzschnitten, z. B: B. 31 und 37 der kleinen Passion, oder auf den Kupferstichen B. 3, 26 und 58 damit vergleicht, auch stimmt die Form der Zahl 4 mit der gleichen Zahl auf Dürer'schen Handzeichnungen vom Jahre 1504, nament-

---

*) S. Leben Albrecht Dürer's von J. F. Roth. Leipzig 1791. pag. 45.
**) Mayländer Ausgabe. Vol. 10, pag. 196 und 197.

lich der Verspottung Christi, der Geisselung und der Kreuzschleppung, in der Sammlung des Erzherzogs Albrecht in Wien genau überein.

Aus der Periode, in welcher, nach dem Vorhergehenden, Marc Anton die Holzschnitte von dem Leben der Jungfrau nachstach, ergiebt sich nun aber, daß Dürer die Abdrücke dieser 17 Blatt eher in den Handel gebracht hat, als er das ganze Werk im Jahr 1511 mit dem Text herausgab, und wir haben daher jedenfalls bei dem Leben der Maria einen nachgewiesenen Ersten Etat vor dem Text.

Die Abdrücke dieses Ersten Etats sind indeß keinesweges nur darum kenntlich, daß sie keinen Text auf der Rückseite haben, denn es giebt eine große Zahl von Abdrücken ohne Text, welche erweislich einer viel späteren Periode angehören.

Das sicherste Kennzeichen ist die Schärfe und Fehlerlosigkeit des Druckes, welche den besten Abzügen mit Text gleich ist, diese aber in Klarheit und malerischer Wirkung, in Folge des sorgfältigeren Auftragens der Farbe und des sorgsameren Druckens bedeutend übertrifft. Ausserdem gewähren hier die Papiere und ihre Wasserzeichen einen wesentlichen Anhaltspunkt der Erkennung, denn diese ersten Abdrücke haben entweder das Wasserzeichen des Ochsenkopfes, Nr. 19 und 20, oder das der hohen Krone, Nr. 21, dieses am häufigsten, zuweilen auch das der Wage im Kreise, Nr. 22.

Auch von den im Jahr 1510 geschnittenen Holzstöcken, Nr. 23 und 24, kommen Drucke ohne Text auf eben diesen Papieren vor, welche — ihrer Schärfe und Fehlerlosigkeit nach — ebenfalls vor der Edition von 1511 abgezogen sind und diesem ersten Etat zugezählt werden müssen.

Der schöne Titel, die Jungfrau mit dem Kinde auf dem halben Monde, B. 76, scheint erst kurz vor der Ausgabe mit Text geschnitten zu sein, denn es sind davon nur höchst wenige Abdrücke ohne Text vorhanden, welche, der Klarheit und Schönheit, wie den Papieren nach, für Probedrucke gehalten werden könnten.

Ob diese aber wirklich vor dem Text oder unmittelbar nachher abgezogen sind, bleibt zweifelhaft; denn ich habe keinen dieser Abdrücke von einer solchen Schärfe und Reinheit, namentlich in den Sternen, angetroffen, wie sie bei den besten Abzügen mit Text vorkommen. Auch ist auf denselben keine Spur der funfzeiligen Ueberschrift in großen lateinischen Buchstaben sichtbar, welche, nach der Ansicht erfahrener Xylographen auf diesem — wie fast allgemein anerkannt — von Dürer eigenhändig geschnittenen Blatt, von dem Meister selbst eingeschnitten, nach dem Abdruck mit Text aber von dem Holzstock entfernt ist, wie die nicht seltnen späteren und stumpferen Abdrücke desselben, welche Papierrand haben, beweisen.

Die mir zu Gesicht gekommenen anscheinenden Probedrücke vom B. 76 haben sämmtlich das Wasserzeichen des Ochsenkopfes mit Kreuz und Blume, Nr. 20.

Obgleich von allen Holzstöcken des Lebens der Jungfrau Abdrücke des Ersten Etats vorhanden sind, so kann man doch nicht wohl, wie häufig geschieht, von einer Ersten Ausgabe vor dem Text reden, denn ich glaube nachgewiesen zu haben, daß Dürer diese Blätter theilweise zu verschiedenen Zeiten in den Handel brachte, auch ist mir bis jetzt — selbst in den berühmtesten und vollständigsten Sammlungen — nicht ein einziges Exemplar vorgekommen, bei dem die Abdrücke sämmtlich von diesem Ersten Etat wären.

Dürer erwähnt in seinem Tagebuche ebenfalls des Lebens der Jungfrau nur als großes Buch d. h. mit Text.

Nach Dürer's Tode kommen dagegen Folgen von Abdrücken ohne Text, von sämmtlichen Blättern, jedoch mit Ausnahme des Titels vor, welche nach dem Papier und der Druckweise gleichzeitig genommen und in den Handel gebracht wurden.

Die Holzstöcke sind bei den ältesten dieser Folgen — wenngleich in einzelnen Kleinigkeiten verletzt — meist noch sehr wohl erhalten, und man kann manche der oft sehr sorgfältigen Drucke, wenn man nicht das hier untrügliche Papier mit seinen Wasserzeichen beachtet, nicht leicht von den Abdrücken des Ersten Etats unterscheiden. Auch von dem Titel kommen, wie bereits oben erwähnt, spätere Drucke ohne Text vor, die besseren auf Papier mit dem Wasserzeichen der Hand mit der Blume, Nr. 26, doch weit seltner und nie auf denselben Papieren der späteren Folgen, daher diese Platte gleich nach der Ausgabe mit Text von den übrigen zusammen gebliebenen Holzstöcken getrennt und in andere Hände gekommen sein muß. —

Bei einzelnen der Holzschnitte aus dem Leben der Jungfrau giebt es übrigens noch einige besondere Kennzeichen, welche die Bestimmung der Priorität der Abdrücke erleichtern. So sind auf B. 84 — der Heimsuchung — ganz oben, zu den Seiten der in der Mitte befindlichen weißen Wolke, zwei kleine Fehlstellen, welche bei den ersten Drucken kaum sichtbar, schon während des Druckes der Ausgabe mit Text deutlicher werden und bei den späteren Abdrücken immer mehr hervortreten.

Auf Nr. 85, der Beschneidung, ist oben rechts in der Ecke eine weiße Fehlstelle, welche zwar auch auf früheren Abdrücken sichtbar, aber nur 3 Linien lang und etwa eine halbe Linie breit ist, während sie auf den Abdrücken nach dem Text vier Linien lang und ein bis ein und eine halbe Linie breit wird.

Eine ähnliche weiße Stelle ist schon auf den ersten Abdrücken von der Flucht nach Egypten, B. 89, links über dem obersten Fruchtbüschel des Palmbaumes sichtbar, sie breitet sich aber später — besonders nach unten — weiter aus.

Auf Nr. 95, der Verehrung der Jungfrau, ist bei allen Abdrücken nach dem Text, ein feiner Sprung zu bemerken, welcher, in der Mitte des Holzstocks, von oben bis auf die Haare der Maria hinunter geht. Er ist anfangs sehr fein und kommt so schon auf mehreren Abdrücken mit Text vor, auf den späteren Drucken wird dieser Sprung aber immer augenfälliger.

Diejenige Abdrucksfolge von dem Leben der Jungfrau, welche, der Schärfe und Erhaltung der Holzstöcke nach, die früheste von denen nach Dürer's Tode veranstalteten ist, und wenn man die Abdrücke vor dem Text als Ersten, diejenigen mit Text als Zweiten Etat bezeichnet, als Dritter Etat erscheint, hat Papier mit dem Wasserzeichen einer Art Fischblase oder Urne, Nr. 42. Es ist nicht so dick wie die älteren Papiersorten zu Dürer's Zeit, aber fest und die Drathstriche haben einen Abstand von knapp 11 Linien. Eine große Zahl dieser Abdrücke findet sich in den Sammlungen zerstreut, auch habe ich verschiedene Male die Folge von B. 77 bis 95 vollständig angetroffen.

Der Verleger dieser Abdrücke muß ausser den Holzstöcken des Lebens der Jungfrau noch andere Dürer'sche Holzstöcke besessen und Abdrücke davon verbreitet haben, denn dasselbe Papier und gleiche Druckweise trifft man bei späteren Abzügen, namentlich von der Anbetung der Könige, B. 3, und der Verehrung der Maria, B. 101. — Zu diesem Dritten Etat des Lebens der Jungfrau sind noch einzelne Abdrücke von fast gleicher Güte zu rechnen, welche auf Papieren vorkommen, die das Wasserzeichen einer Hand mit Blume, Nr. 26, oder eines mit der Krone bedeckten Wappenschildes haben, worin sich eine Lilie befindet, Nr. 52. Die Drathstriche des ersten Papiers haben eine Entfernung von 11 Linien, das letztere Papier ist besonders fest, die Entfernung der Drathstriche etwas geringer.

Eine nur etwas spätere Folge, ebenfalls ohne Titel und nicht minder sorgfältig gedruckt, erkennt man an dem Papiere mit dem Wasserzeichen eines großen geschweiften Wappens und einer Krone darüber, Nr. 45.

Dieses Papier mißt, unbeschnitten, in der Höhe 15 Zoll 4 Linien, in der Breite 12 Zoll 3 Linien, so daß der Papierrand der Abdrücke 2 bis 2½ Zoll beträgt.

Bei dieser Folge ist zu bemerken, daß statt der zum Leben der Jungfrau gehörenden Anbetung der Könige, B. 87, sich darin die Anbetung der Könige, B. 3, befindet und daß am Schluß die Verehrung der Maria, B. 101, angefügt ist. Das Papier, dessen Drathstriche einen Abstand von 11½ Linien haben, ist fest und etwas griffiger als das der vorbezeichneten Folge. Die Abdrücke sind kräftig, und nur nach sehr genauer Vergleichung entdeckt man an der Zunahme der kleinen Aussprünge in den Einfassungs-Rändern, wie an der Ausdehnung der kleinen Fehlstellen in B. 84, 86, 89 und 95, daß diese Edition, welche als Vierter Etat zu bezeichnen wäre, später als die vorhergehende veranstaltet ist. In den Abdrücken von B. 3 und 101 finden sich schon die in den frühesten Abdrücken derselben noch nicht sichtbaren Sprünge ziemlich bedeutend.

Die Abdrücke dieses Vierten Etats sind übrigens weit seltener als diejenigen des Dritten Etats. Auffallend ist bei diesen späteren Editionen die grössere Schärfe und Reinheit der Abdrücke von den im Jahr 1510 geschnittenen Holzstöcken gegen alle übrigen der Folge. Es bestätigt dieses die von mir ausgesprochene Ansicht: daß die Abdrücke der 17 älteren Holzstöcke früher verbreitet und daher auch häufiger abgezogen sind als die von B. 93 und 94.

Ausser diesen vorbezeichneten guten Folgen, welche jedem Sammler noch Freude machen werden, findet man von dem Leben der Jungfrau nicht selten spätere sehr mittelmässige oder schlechte Abdrücke, welche neben geringer Kraft der Farbe, theilweise auch Spuren von Wurmfraß in den Holzstücken haben, besonders aber auch durch das geringe meist sehr dünne Papier kenntlich sind, welches häufig das Wasserzeichen eines Wappenschildes mit Querbalken, Nr. 46, oder des Reichsadlers, Nr. 51, hat. —

Die grosse Passion.

Von der durch Albrecht Dürer ebenfalls im Jahr 1511 herausgegebenen grossen Passion mit Text, B. 4 bis 15, auf den pag. 48 und 49 näher beschriebenen Papieren mit den Wasserzeichen Nr. 27 und 28, giebt es frühere Abdrücke ohne Text, welche sich durch Schärfe und Reinheit vor allen übrigen auszeichnen und daher als ein Erster Etat bezeichnet werden müssen.

Sie sind indeß ungleich seltner wie ähnliche Abdrücke von dem Leben der Jungfrau und es scheint: daß solche erst nach Vollendung der vier im Jahre 1510 geschnittenen Blätter, B. Nr. 5, 7, 14 und 15, also kurz vor der Edition mit Text, abgezogen sind.

Das dazu verwandte Papier hat in der Regel übereinstimmend mit den wenigen gleichzeitigen Probedrucken der Apocalypse vor dem Text von 1511 das Wasserzeichen des grossen Reichsapfels mit Strich und Stern, Nr. 24, doch trifft man, wie wohl selten, auch einzelne Abdrücke auf Papier mit dem Wasserzeichen des Ochsenkopfes oder der hohen Krone.

Bei einigen reinen Abdrücken, welche von den Liebhabern für Abdrücke dieses Ersten Etats gehalten werden, findet man Papier mit dem Wasserzeichen des doppelten A, Nr 39, mit 15½ Linien Entfernung der Drathstriche, doch habe ich auch entschieden spätere Drucke mit diesem, sonst schon bei alten Nürnberger Drucken vom Jahr 1502 vorkommenden Wasserzeichen gefunden, denn namentlich bei der Höllenfahrt, B. 14, war unter dem Gewande des Christus, am Boden 3½ Zoll von der linken Einfassungslinie entfernt, die Spur eines feinen Sprunges des Holzstocks sichtbar, von dem auf den Abdrücken mit Text noch nicht das geringste zu bemerken ist.

Bei den Abdrücken des Ersten Etats kommen die 11 Blätter, B. 5 bis 15, gleichmässig vor, der Titel aber, B. 4, ist, wenn er sich dabei befindet, häufig minder schön, sogar bei dem ausgezeichneten Exemplar in der Sammlung des Erzherzogs Albrecht in Wien und demjenigen in der Königl. Kupferstichsammlung zu Berlin. Er ist, soweit ich zu bemerken Gelegenheit gehabt habe, immer auf einem von dem andern abweichenden Papiere gedruckt, dessen Masse, mit 13½ Linien Abstand der Drathstriche, von weit geringerer Güte ist.

Es scheint dieses zu beweisen: daß auch zu diesem Titel der vortreffliche Holzstock erst für den Druck geschnitten wurde.

Daß er nach Vollendung des Drucks mit Text sehr bald abhanden gekommen sein muß, beweist die Seltenheit seiner Abdrücke, und daß er bei allen später veranstalteten Editionen dieser Passion fehlt.

Von den Abdrücken ohne Text, welche erst nach der Edition vom Jahre 1511 dem Zweiten Etat genommen sind und daher als Dritter Etat bezeichnet werden müssen, giebt es wenige, denen man die spätere Periode nicht auf den ersten Blick ansehen könnte.

Die bessern davon sind unstreitig die vorhin bezeichneten Abdrücke mit dem Wasserzeichen des doppelten A, Nr. 39, im Papier, fast gleich gute haben ein verziertes K, Nr. 40, mit 12½ Linien Abstand. Bei den späteren Abdrücken werden Risse, denen diese großen Holzstöcke besonders ausgesetzt gewesen sind, immer sichtbarer. Solche findet man auf Papieren mit dem Wasserzeichen eines großen bekrönten Reichsadlers, mit Entfernung der Drathstriche von 14½ Linien, oder eines verzierten P, Nr. 48, mit 13½ Linien Abstand, auch einer Schlange, Nr. 47, mit 12 und 12½ Linien Entfernung der Drathstriche.

Spätere Editionen der 11 Holzschnitte ohne Text und mit einem gedruckten Titel sind veranstaltet: im Jahre 1675 durch Koppmayer in Augsburg,*) so wie im Jahre 1680 in Ulm, doch sind die Abdrücke dieser letzten Ausgabe sehr unrein und schmutzig.

Die kleine Passion.

Von allen Werken unsers Meisters, ist die kleine Holzschnitt-Passion, B. 16 bis 52, bei weitem das verbreitetste. Es kömmt in sehr verschiedenen Zuständen vor.

Von dem Ersten Etat, vor der Edition mit Text vom Jahre 1511, giebt es einzelne Abdrücke von einer bewundernswürdigen Schärfe und Reinheit, welche auf Papier mit dem Wasserzeichen des Ochsenkopfes mit doppeltem Strich, Kreuz und Blume, Nr. 20, oder der hohen Krone, Nr. 21, abgezogen sind. Bei den frühesten dieser Drucke hat auf der Vertreibung aus dem Paradiese, B. 18, der Rückgrat der Eva 10 kleine Quer-Schraffirungen, welche späterhin weggeschnitten sind, bei welcher Gelegenheit auch dem Strich des Rückgrats bei einer geringen Verkürzung ein

---

*) S. Heller, Theil 2, pag 550 und 551.
Die Monogrammisten von Dr. G. K Nagler, 3. Heft, pag 182.

besserer Schwung gegeben ist.*) Diese Aenderung wurde von Dürer jedenfalls vor der Herausgabe mit Text bewerkstelligt, indem die Querstriche auf Abdrücken mit dem Text niemals vorkommen und es auch Drucke des Ersten Etats giebt, auf denen diese Correktur bereits eingetreten ist.

Von diesem Ersten Etat vor dem Text giebt es einzelne ganze Folgen, welche ich auf Papier mit der hohen Krone sowohl als auf solchem mit dem kleinen Reichsapfel mit Stern, Nr. 24*, angetroffen habe, bei denen aber immer der Titel, B. 16, fehlt, welcher ohne Text nicht in den Handel gekommen ist. Dieser eben so tief empfundene als vortrefflich geschnittene Holzstock, von welchem mir nur ein einziger Probedruck in dem Musaeo zu Amsterdam bekannt geworden ist, wird daher nur für die Ausgabe mit Text gearbeitet und nach Beendigung des Drucks derselben abhanden gekommen sein, während die übrigen Holzstöcke sich zum größten Theile bis auf die Gegenwart erhalten haben.

Ein merkwürdiges Exemplar dieses ersten Etats befindet sich in dem Musaeo zu Amsterdam, wo die 36 Holzstöcke zu vier auf einem Papierbogen gedruckt, noch unzerschnitten erhalten sind. Der Rückgrat der Eva auf B. 18 hat bei diesen Abdrücken noch die Quer-Schraffirungen. Von den 9 Bogen dieses Exemplars haben 2 das Wasserzeichen der hohen Krone, Nr. 21, im Papier, 7 aber dasjenige eines Ankers, Nr. 29, wie er mir sonst nie vorgekommen ist.

Der Zweite Etat ist die von Dürer im Jahre 1511 mit dem Text des Chelidonius veranstaltete, sehr verbreitete Ausgabe, welche in Bibliotheken und einzelnen Sammlungen noch ab und an als gebundenes Buch mit vollem Rande vorkommt.

Sie ist auf sehr festem, schönem Papier, mit dem Wasserzeichen der hohen Krone, Nr. 21, und einer Entfernung der Drathrippen von 15 Linien gedruckt und die Blätter haben unbeschnitten eine Höhe von reichlich 7 und eine Breite von 5¼ Zoll.

Die vollständigen Folgen mit dem echten Titel sind übrigens ausserordentlich selten, wie denn von den reichen Wiener Sammlungen diejenige des Erzherzogs Albrecht allein eine solche besitzt und keine der Münchener Dürer-Sammlungen einen echten Titel aufweisen kann. Man findet die Abdrücke in Beziehung auf Klarheit merklich verschieden, je nachdem die Drucker mehr oder weniger Sorgfalt auf die Schwärzung der Holzstöcke verwendet haben. Heller**) erwähnt nach Heineeke einer ersten Ausgabe mit Text, auf deren Titel über dem Holzschnitt die Worte:

Figurae Passionis Domini nostri Jesu Christi

und am Ende:

finit impressum Noribergae 1511

---

*) Vgl. meinen Aufsatz in dem Archiv für die zeichnenden Künste, von Naumann. Heft 1. pag. 64.
**) Das Leben und die Werke Albrecht Dürer's von Joseph Heller. 2. Bd. pag. 602.

stehen sollen. Ich habe einen solchen Schluß nie zu Gesicht bekommen, er kann aber nicht echt sein, da bei allen Dürer'schen Werken mit lateinischem Text steht „impressum Nurnberge" niemals „impressum Noribergae". Die obige Ueberschrift, Figurae Passionis etc., findet sich aber auf dem Titel der ebenfalls von Heller, pag. 605, angeführten sogenannten Mommard'schen Copien dieser kleinen Passion, der sehr verbreitet ist und in vielen Sammlungen den echten Titel vertritt. Seine Ueberschrift lautet genau:

Figurae Pas
sionis domini
nostri Jesu Christi,

und das Papier hat das Wasserzeichen des Wappens von Augsburg.

Diese, überhaupt nicht seltenen Copien kommen auch als Buch gebunden vor und werden manchmal selbst in öffentlichen Bibliotheken für Originale ausgegeben.

Bei Bartsch haben sich ebenfalls mancherlei Irrthümer und Verwechselungen bei den Anmerkungen zu diesem Dürer'schen Werke eingeschlichen, auch stimmt die von ihm beobachtete Folge der Holzschnitte nicht mit dem Inhalte des Textes zu denselben überein, indem nach diesem auf B. 20 die Blätter 22 und 23, und dann 21 und 24 folgen.

Der Titel der Ausgabe mit Text vom Jahr 1511 ist übrigens bei Heller, pag. 602, wo dieser von der zweiten Ausgabe spricht, richtig angegeben.

Abdrücke eines dritten Etats ohne Text aber später als der Druck des Textes sind häufig. Die besseren davon haben ein festes stark geripptes Papier, mit 14 Linien Abstand der Drathstriche. Es giebt auch vollständige Folgen aller 36 Blätter von B. 17 bis 52, auf einem weichen Papier, welches das Wasserzeichen der kleinen hohen Krone, Nr. 36, hat, die aber sowohl dieses Papiers wegen, das zuerst 1527 bei Drucken Dürer'scher Werke und bei dem Holzschnitt, B. 137, vorkommt, als auch wegen Mangel an durchgängiger Schärfe und Reinheit des Drucks, erst nach Dürer's Tode abgezogen sein werden.*) Andere geringere Abdrücke haben ein gelbliches sehr weiches Papier, dessen Drathstriche sich schwer wahrnehmen lassen.

Ueberhaupt ist eine Classification der verschiedenen Abdrucks-Gattungen dieser späteren Etats viel schwieriger als bei dem Leben der Jungfrau, da bei diesen kleineren Blättern nur ausnahmsweise Spuren von Wasserzeichen zu entdecken sind.

Die lange beisammen gebliebenen 36 Holzstöcke sind bekanntlich später

---

*) Das K. Kupferstich-Cabinet in Stuttgart bewahrt ein solches noch unzerschnittenes Exemplar auf 9 Blatt, vier Holzschnitte auf jedem, welche mit etwas beschnittenem Rande in der Höhe 11, in der Breite 8 Zoll messen. Acht Blätter haben das oben bezeichnete Wasserzeichen, das neunte dasjenige des Wappen von Nürnberg, Nr. 41.

nach Venedig gewandert, wo Daniel Bissuccio im Jahre 1612 davon eine
Ausgabe mit italienischen Gedichten des Mauritio Moro veranstaltete.
Der Titel dieser höchst seltenen Ausgabe*) ist bei Heller, pag. 604, richtig
angegeben, das auf demselben befindliche Brustbild Dürer's ist eine
mittelmäßige verkleinerte Copie des Portraits von Peter Myriginus, Heller
Nr. 73. Es ist rund, 1½ Zoll im Durchmesser und hat die Umschrift:
Imago Alberti Dureri 1553
Aetatis suae LVI.

Das Buch, dessen auf besonders festen stark gerippten, mit dem Wasserzeichen
des Ankers im Kreise versehenen Papier, gedruckte Blätter
7¼ Zoll hoch und 5¼ Zoll breit sind, enthält complet — nicht wie Heller
anführt — 40 sondern 42 Blätter mit den Custoden A bis L.
Die Holzschnitte folgen wie bei der Ausgabe mit lateinischem Text,
doch kommt der Holzschnitt B. 31, Christus wird von Pilatus geführt,
zweimal vor, das zweitemal zwischen B. 32 und 33.
Die Holzstöcke sind bei dieser italienischen Ausgabe von den Druckern,
in Beziehung auf das Schwärzen, höchst nachlässig behandelt, daher ist
sie sehr ungleich von Druck, jedoch zeigen die Stöcke im Allgemeinen
noch eine sehr gute Erhaltung.**) Der größte Theil derselben ist späterhin nach England gekommen und befindet sich im British Museum, wodurch die neueste Ausgabe dieser Passion durch Henry Cole, London 1844,
veranlaßt ist, bei welcher der Abdruck mit, von den Originalholzschnitten
genommenen galvanoplastischen Abformungen, und Ergänzung der fehlen-
den, namentlich des Titels B. 16, gemacht wurde.

———※———

Die übrigen Holzschnitte Dürer's.

Bei den folgenden Bemerkungen über die einzelnen Holzschnitte unsers
Meisters habe ich, wie bei den Kupferstichen, die von Bartsch beobachtete
Reihenfolge beibehalten, ohne auf die wahrscheinliche oder durch die Jahr-
zahlen dargethane Priorität ihrer Vollendung weitere Rücksicht zu nehmen.

---
*) Nach der Vorrede zu Henry Cole's „Albert Dürer's Passion of our lord" London
1844, pag. 7, befand sich in England nur ein completes Exemplar im Besitze des Mr.
Pickering. Sie fehlte im British Museum, in Oxford u. s. w.
**) Vgl. auch die Monogrammisten von Dr. Nagler, 3. Heft, pag. 184

B. 1. Der Tod Abels 1511.

Dieses Blatt gehört zu den großen Seltenheiten. Man findet es zwar in den meisten öffentlichen, doch nur in sehr wenigen Privat-Sammlungen, besonders in unversehrtem Zustande. Der Druck ist gewöhnlich scharf und schön, das Papier sehr fest mit Drathstrichen in einer Entfernung von 13 auch 13¼ Linien. Als Wasserzeichen findet man zwei verbundene Thürme, Nr. 23.

B. 2. Simson tödtet den Löwen.

Von diesem häufig vorkommenden Holzschnitte sind Abdrücke auf Papiersorten, welche erweislich von Dürer gebraucht wurden, ausserordentlich selten.

Zu den besseren der späteren gehören diejenigen auf sehr starkem Papier ohne kenntliche Drathstriche, mit dem Wasserzeichen des Wappens von Augsburg. Neuere Abdrücke trifft man oft und soll der Holzstock noch gegenwärtig in Paris vorhanden sein.

In der Königlichen Kupferstich-Sammlung in Stuttgart befindet sich ein leider stark beschädigter Probe-Abdruck dieses Holzschnitts von großer Schärfe, auf welchem das Monogramm Dürer's noch nicht eingeschnitten ist.

B. 3. Die Anbetung der Könige. 1511.

Die ersten Abdrücke dieses schönen Holzschnittes haben Papier mit dem Wasserzeichen der großen hohen Krone, Nr. 21, oder des Ochsenkopfes mit Kreuz und Blume, Nr. 20. Sie sind ausserdem daran kenntlich, daß in der Mitte des das Dach tragenden großen Querbalkens, in den Kreuzschraffirungen nur eine kleine weiße Fehlstelle sichtbar ist, welche bei den späteren Drucken in einen weißen bis an den Rand des Holzstocks hinauf reichenden Sprung ausgeht.

Diese späteren Drucke kommen auf den bei dem 3. und 4. Etat des Lebens der Jungfrau bemerkten Papieren mit den Wasserzeichen Nr. 42 und 45 vor.

B. 53. Das Abendmahl. 1523.

Nicht sehr häufig sind die ersten Drucke mit vier Strichlein in der Schüssel am Boden. Man findet sie auf Papieren mit dem Wasserzeichen der hohen Krone, Nr. 21, des Ankers im Kreise, Nr. 30, auch des Ochsenkopfes mit dem Caduceus, Nr. 31. Die sogenannten zweiten Drucke mit fünf Strichlein halte ich für Copien, sie kommen auf Papier mit dem verzierten p, Nr. 48, vor, die Abdrücke haben häufig Fehlstellen, auch in der Mitte den Ansatz zu einem Sprunge.

B. 54. Christus im Oelgarten.

Es scheint ein Versuch für die kleine Passion zu sein, welcher unsern Meister nicht befriedigt hat und durch den Holzschnitt B. 26 so schön ersetzt ist. Die hier ausgeführte Idee, unsern Heiland im Gebet auf dem Erdboden ausgestreckt so darzustellen, daß er wie im Vorgefühl seines Leidens mit seinem Körper und den ausgebreiteten Armen die Form des Kreuzes beschreibt, ist späterhin von Dürer in einer ausserordentlich schönen Federzeichnung vom Jahr 1521, welche sich in der Sammlung des Städel'schen Instituts in Frankfurt a. M. befindet, auf das glücklichste zur Lösung gekommen.*)

Der Holzschnitt ist in ganz scharfen reinen Abdrücken sehr selten, gewöhnlich ist er roh im Druck. Die alten haben ein festes Papier mit Entfernung der Drathstriche von 13½ Linien.

B. 55. Christus am Kreuz. 1510.

Von diesem durch Einfachheit des Schnitts ausgezeichneten Blatte, welches, als fliegendes Blatt, auf den alten Abdrücken mit einer zweizeiligen Ueberschrift und einem Gedicht in acht Absätzen von je zehn Zeilen versehen ist, giebt es zwei Abdrucks-Gattungen.

Die erste, welche in Ueberschrift und Versen genau mit der Angabe Hellers, 2. Bd., pag. 613 bis 616, übereinstimmt, hat Papier mit dem Wasserzeichen der hohen Krone, Nr. 21.

Die zweiten Abdrücke haben im Papier das Wasserzeichen der liegenden Urne, Nr. 25*, mit 12 bis 12½ Linien Entfernung der Drathstriche. Sie sind ausserdem daran kenntlich, daß in der Ueberschrift statt

zu lesen ist:
„Das sind die syben Tagezeyt"
„Darin Christus auff erden leyt"

„Das sindt die sieben tage zeit"
„Darin Christus auf erd leit."

Auch in den Versen kommen ähnliche Abweichungen der Schreibart vor.

B. 56. Christus am Kreuz. 1516.

Die alten nicht häufigen Abdrücke dieses schönen Holzschnitts mit reicher Randverzierung, von denen man auch einzelne auf Pergament antrifft, haben auf der Rückseite gedruckt die Titel der Bücher des alten Testaments von i. Hiob bis xij Malachia**) und sind auf Papier mit dem Wasserzeichen des Ankers im Kreise, Nr. 30, und 14 Linien Entfernung der Drathstriche gedruckt. Die oft vorkommenden neueren Drucke erkennt man an einem sehr dünnen Papier.

---

*) Vgl Abschnitt 3.
**) Heller, pag. 617.

B. 57. Christus am Kreuz, zur Rechten Johannes, welcher die in Ohnmacht sinkende Jungfrau unterstützt.

Dieses Blatt, von dem es nach Bartsch auch Abdrücke in clair obscur mit 2 Platten giebt, ist so ausserordentlich selten, daß ich über das Papier, auf welchem solches vorkommt, Auskunft zu geben ausser Stande bin.

B. 58. Christus am Kreuz, drei Engel fangen das Blut auf.

Die ersten Abdrücke dieses Blattes, ehe der Holzstock durch Ansatz vergrößert wurde, sind von großer Schönheit und Schärfe, aber ausserordentlich selten, sie haben ein stark geripptes Papier ohne Wasserzeichen, mit 18 Linien Entfernung der Drathlinien.[*]

Die großen zweiten Drucke pflegen ein sehr starkes Papier zu haben, in dem man das Wasserzeichen eines fünfstrahligen Sterns über einer geschweiften Unterlage, oder einer Lilie in einem gekrönten Wappenschilde, Nr. 54, letzteres mit einem Abstande der Drathstriche von 13 Linien wahrnimmt. Zuweilen kommt auch der Reichsadler als Wasserzeichen vor.

B. 59. Der Calvarienberg.

Man erkennt die ersten Drucke dieser reichen Composition daran, daß die Spitze des Nagels, welcher die rechte Hand des zur Rechten des Erlösers gekreuzigten Schächers durchbohrt, um etwa zwei Linien durch das Kreuz hindurchgeht. Diese kommen mit dem Wasserzeichen der Wage im Kreise auch auf einem festen Papier mit ungleich theils 12 theils 14½ Linien abstehenden Drathstrichen vor, dessen Wasserzeichen zwei verbundene Thürme darstellt.

B. 96. Die heilige Familie. 1511.

Häufig sind die Abdrücke dieses Holzschnittes besonders scharf und schön, wie überhaupt die in den Jahren 1510 und 1511 geschnittenen Holzstöcke unsers Meisters sich durch Klarheit und Schärfe auszeichnen.

Das Papier der besten Drucke hat das Wasserzeichen des Ochsenkopfes mit Kreuz und Blume, Nr. 20.

B. 97. Die heilige Familie mit dem Zitter spielenden Engel. 1511.

Dieses in alten Drucken schöne und klare Blatt, hat dann Papier mit dem Wasserzeichen der großen hohen Krone, Nr. 21, des Ochsenkopfes

---

[*] Man findet sie in der Sammlung des Erzherzog Albrecht in Wien, in der Königl. Kupferstich-Sammlung in Stuttgart, auf dem Friedenstein zu Gotha, und in dem Museo zu Bremen, hier aus der Sammlung des Herzogs von Buckingham.

mit Doppelstrich, Nr. 20, des Reichsapfels mit Stern, Nr. 24, oder des
stehenden Hundes, Nr. 35. Die späteren Drucke sind oft in der Mitte
etwas unrein und an dem Wasserzeichen des doppelten Reichsadlers kenntlich.

B. 98. Die Jungfrau auf der Rasenbank. 1526.

Als anerkannt von Albrecht Dürer selbst geschnitten und eine der
letzten seiner Arbeiten, hat dieser ausserordentlich seltene Holzschnitt ein
doppeltes Interesse. Das Papier hat eine Entfernung der Drathstriche
von 15 Linien und zuweilen das Wasserzeichen eines fünfstrahligen Sterns
über einem Oval, Nr. 34.

Das Meisterliche und doch Milde, welches in Dürer's, nach seiner Niederländischen Reise, gearbeiteten Kupferstichen vorherrscht, ist auch in
diesem Holzschnitt unverkennbar.

B. 99. Die heilige Familie mit vier Engeln.

Bartsch führt irrthümlich nur 3 Engel an. Der Schnitt ist etwas roh,
und wahrscheinlich deswegen hat Heller dieses Blatt unter die Zweifelhaften unsers Meisters gesetzt. Ich glaube, daß dasselbe entschieden von
Dürer herrührt, die Gleichzeitigkeit mit ihm beweisen die alten schönen
Abdrücke, welche Papier mit dem Wasserzeichen der hohen Krone und
einen Abstand der Drathstriche von 15½ Linien haben. Auch ist dieses
Blatt von Marc Anton mit dem Monogramm Dürer's nachgestochen, woraus
hervorgeht, daß es zu den ältesten Holzschnitten unsres Meisters vor
1506 gehört.

B. 100. Die heilige Familie in einem gewölbten Zimmer.

Selten findet man von diesem Holzschnitt erste, ganz fehlerfreie Abdrücke auf Papier mit dem Wasserzeichen der Wage im Kreise oder auf
festem Papier mit 14 Linien Entfernung der Drathstriche. Die späteren,
an einer weißen Fehlstelle kenntlich, welche sich an der linken Seite oben
neben der über dem Bogen liegenden Figur befindet, kommen gewöhnlich
mit dem Wasserzeichen des Reichsadlers und 11 Linien Entfernung zwischen den Drathrippen vor.

**B. 101 Die Jungfrau mit dem Apfel in der Hand, von vielen
Engeln verehrt. 1518.**

Es ist dieses einer der verbreitetsten Holzschnitte unsers Meisters,
dessen Platte aber sehr bald Sprünge bekommen hat, daher die alten vollkommen reinen Abdrücke selten sind. Bei diesen findet man das feste
Papier mit dem Wasserzeichen des Ochsenkopfes mit dem Caduceus.

Nr. 31, und einem Abstand der Drathrippen von 12½ Linien, welche früher nicht vorkommt, später aber bei den Dürer'schen Holzschnitten mehrfache Anwendung gefunden hat.

Die späteren Abdrücke haben das Wasserzeichen Nr. 44, andre diejenigen des 3. und 4. Etats des Lebens der Jungfrau, Nr. 42 und 45, auch des Reichsadlers, sind aber durch immer zahlreichere und größer werdende Sprünge entstellt.

B. 102. Die Jungfrau mit den Caninchen.

Dieses Blatt ist an sich nicht selten, doch in alten Abdrücken nicht häufig. Diese sind sehr schön und haben in dem Papier von feiner Masse das Wasserzeichen des großen Reichsapfels mit Stern, Nr. 24.

B. 103. Der heilige Christoph. 1511.

Bei alten Abdrücken dieses schönen Holzschnittes trifft man das Wasserzeichen des stehenden Hundes, Nr. 35, spätere Abdrücke, welche bis auf kleine Ausspringe im Einfassungsrande oben, rein und fehlerfrei sind, haben ein weißes Papier mit etwas unregelmäßig 11 Linien entfernten Drathstrichen.

B. 104. Der heilige Christoph mit den Vögeln.

Die älteren Abdrücke dieses nie sehr scharfen Holzschnittes findet man mit dem Wasserzeichen der Wage im Kreise, des Ochsenkopfes mit dem Schlangenstabe, oder auf einem Papiere, welches fest, aber nicht von feiner Masse ist und dessen Drathstriche eine Entfernung von 13 Linien haben. Vasari erwähnt dieses auch von Marc Anton mit dem Monogramm Dürer's nachgestochenen Blattes.

B. 105. Der heilige Christoph. 1525.

Dieser Holzschnitt von sehr hoher und schmaler Form, einer der wenigen, welche nach Dürer's Reise in den Niederlanden gearbeitet sind, ist nicht häufig, besonders selten aber findet man die ersten Abdrücke, bei denen die Füße im Wasser noch nicht durch den Ansatz eines 2 Zoll hohen Holzstocks von minder geschickter Hand hinzugefügt sind.

Die guten Abdrücke in ganzer Größe haben ein sehr starkes Papier mit Entfernung von reichlich 12½ Linien zwischen den Drathstrichen, auch wohl das Wappen der Stadt Nürnberg, Nr. 41, als Wasserzeichen. Bei späteren Drucken findet man auch die Wasserzeichen einer Lilie mit Krone oder des Augsburger Wappen im geschweiften Schilde, Nr. 50.

B. 106. Der heilige Colomann.

Die alten Abdrücke von diesem, bis auf unsre Zeiten wohlerhaltenen, in Wien befindlichen Holzstock trifft man sehr selten, die neueren erkennt man, wenn auch wie gewöhnlich die gedruckte Unterschrift weggeschnitten ist, an den Aussprüngen in dem Einfassungsrande sowohl oben rechts als unten, auch an einem rauhen übrigens festen Papier mit Drathrippen, welche durchschnittlich 12 Linien von einander abstehen.

B. 107. Die Heiligen Paulus und Antonius.

Der Gegenstand dieses Blattes ist bisher irrthümlich als der heilige Elias bezeichnet. Die alten Abdrücke davon zeichnen sich von den neueren besonders durch Schärfe und Reinheit aus, man findet sie auf Papier mit dem Wasserzeichen der Wage im Kreise und einem Stern darüber, Nr. 30.

Dürer hatte übrigens die Composition dieses Blattes ursprünglich anders erdacht, wie ein erhaltener sehr geistreicher Entwurf desselben mit der Feder von der Gegenseite beweist, welcher sich gegenwärtig in der Sammlung des Verfassers befindet. —

Dieser Entwurf ist bei etwa gleicher Höhe des Holzschnitts, statt 5 Zoll 4 Linien 8 Zoll 3 Linien breit, und daher die ganze Darstellung nicht so zusammen gedrängt.

Der heilige Antonius ist knieend mit gegen einander gelegten Händen und gen Himmel gewandtem Gesicht inbrünstig betend gezeichnet, sein Kreuzesstab mit der Glocke liegt neben ihm am Boden. Er hat nicht, wie im Holzschnitt, die Kutte über den Hinterkopf gezogen, sein Mantel und Hut liegen auf einem Steinsockel hinter ihm. Im Wesentlichen ist sonst der Entwurf mit dem Holzschnitt übereinstimmend, nur zeigt ein Vergleich mit diesem auf das schlagendste, wie viel von dem Leben und Geiste, welches unser Meister in seine Federskizzen zu legen wußte, durch den Formschnitt verloren gegangen ist, sobald derselbe, wie hier, nicht von ihm selbst herrührt.

Unten am Rande steht von einer alten Hand, dem Anschein nach aus Dürer's Zeit geschrieben:

   Dz ist die erste Fißirung
   als saines gedanko gewest.

B. 108. Die Heiligen Stephanus, Gregorius und Laurentius.

Die schönen alten Abdrücke haben das Wasserzeichen der Wage oder des Ankers im Kreise, auch wohl ein festes Papier ohne Wasserzeichen, dessen Drathstriche 15 Linien von einander abstehen. Vasari bezeichnet den Gegenstand „S. Sisto Papa, S. Stephano e S. Lorenzo."

B. 109. Der heilige Stephanus in der Mitte zweier Bischöfe.

Dieser seltene Holzschnitt ist von Heller, pag 830, Nr. 2233, gewiß mit Recht unter die dem Dürer irrig zugeschriebenen Blätter gesetzt. Man hat Abdrücke davon ohne die von Heller angeführten Monogramme, welche indeß noch nicht — wie dieser berichtet — Spuren des Wurmfraßes zeigen.

Das Wasserzeichen des Wappens der Stadt Schrobenhausen, Nr. 15, in ihrem Papiere deutet indeß auf den Abdruck derselben erst nach Dürer's Tode. —

B. 110. Der heilige Franciscus, welcher die Wundenmale empfängt.

Die alten Abdrücke haben ein festes Papier von feiner Masse, dessen Drathstriche 14 Linien entfernt sind.

B. 111. Der heilige Georg, der den Drachen tödtet.

Von diesem nicht häufigen Blatte erkennt man die ältesten Abdrücke daran, daß der Einfassungsrand ohne allen Aussprung ist, während man bei spätern, jedoch noch schönen Abdrücken, kleine Fehlstellen desselben, sowohl unten als oben wahrnimmt, auch sind kleine Spuren von Beschädigungen zu beiden Seiten des auf dem Boden liegenden Schädels sichtbar. Die Papiere der alten Drucke haben das Wasserzeichen der Wage im Kreise, Nr. 22, auch des Reichsapfels mit Stern.

B. 112. Die Heiligen Johannes und Hieronymus.

Die alten Abdrücke dieses nach der auf dem Nachstiche des Marc Anton befindlichen Bezeichnung, 1506. A. 1*), vor der Reise nach Venedig gearbeiteten Holzschnitts sind sehr scharf und rein, auf Papier mit dem Wasserzeichen der Wage im Kreise, auch wohl auf einem sehr festen Papiere, dessen Drathstriche aber nicht wohl zu erkennen sind.

B. 113. Der heilige Hieronymus in einer Felsengrotte. 1512.

Dieses Blatt findet man eben so häufig als verschieden in seinen Zuständen.

Der gewiß jedem Kunstfreunde unvergeßliche Director des Königl. Kupferstich-Cabinets in Berlin, Dr. Schorn, bezeichnete im Kunstblatt vom Jahre 1830, pag. 101, als Merkmal des Original-Holzschnitts, ohne Jahrs-

---

*) Bartsch. Vol. 14, pag. 410.

zahl: daß zwischen dem längsten der vom Gebirge herabhängenden Grashalme (richtiger Strauchwerk) und dem Umriß des Gebirges noch ein ziemlicher Zwischenraum stattfinde, während sonst dieser Halm bis auf das Gebirge herabreicht. — Ausser dem Abdruck, mit dieser bezeichneten Verschiedenheit, in Berlin habe ich ähnliche nur in der Königlichen Sammlung zu Copenhagen, der Privatsammlung des Königs von Sachsen in Dresden, dem Dürer-Werke der Ambraser-Sammlung in Wien und einmal im Kunsthandel angetroffen, während bei den sehr zahlreichen übrigen Abdrücken des keineswegs seltenen Blattes, der längste Zweig des herabhängenden Strauchwerks immer den Umriß des Gebirges berührt. —

Das übrige der beiden Abdrucks-Gattungen ist einander sehr ähnlich, doch zeigt eine Vergleichung: daß sie von zwei verschiedenen Holzstöcken herrühren, welche indeß einander nicht so sehr in Güte nachstehen, daß man den einen für eine Copie des anderen halten könnte. Ich zweifle daher nicht, daß es — wie bei Dürer mehrfach vorkommt — ein zweiter Schnitt nach derselben Zeichnung ist. Bei dem Abdruck der Ambraser-Sammlung scheint das Monogramm erst später aufgedruckt.

Der erste Schnitt ist auch als fliegendes Blatt gebraucht, und bei dem Abdruck in Dresden findet sich noch die Schrift rund umher vollständig erhalten.

Die Ueberschrift in großen semi-gothischen Buchstaben lautet
„Sanctus Hieronymus Strydenensis Theologus."

Am linken Rande des Blattes ist lateinischer Text; der deutsche am rechten Rande fangt an:

„Anno 370, etlich setzen anno 400, leuchtet der vilkündig fürbündig gelerte man Hieronymus u. s. w."

unten steht:

„Gedruckt zu Nürnberg durch Hans Glaser Brieffmahler hinter Sanct Lorenzen auff dem Platz."

Die früheren oftmals sehr schönen scharfen Abdrücke der zweiten Gattung, welche zuweilen auf Pergament vorkommen, haben im Papier das Wasserzeichen der Wage im Kreise mit einem Stern darüber, Nr. 22ᵃ.

Man findet diesen Holzschnitt sowohl ohne als mit der Jahrszahl und bei einzelnen der letzteren trifft man den von Heller, pag. 670, angegebenen Büchertitel auf der Rückseite gedruckt.

Ich glaube übrigens, daß Heller sich irrt, wenn er die Abdrücke mit der Jahrszahl für die ältern hält. Die schönsten Drucke, auch auf den besten Papieren, mit 13½ Linien Zwischenraum der Drathstriche, habe ich ohne die Jahrszahl gesehen, zwar auch recht reine und scharfe mit derselben, doch hatten die stumpfesten, welche mir auf den späteren Papieren vorgekommen sind, die Jahrszahl.

B. 114. Der heilige Hieronymus in der Zelle. 1511.

Ein schöner und sehr beliebter Holzschnitt, von dem die ersten Abdrücke im Papier das Wasserzeichen des Ochsenkopfes mit Kreuz und Blume, Nr. 20, haben. Andere vortreffliche Abdrücke trifft man auf einem sehr festen Papier mit 12 Linien Abstand der Drathstriche.

B. 115. Der heilige Hieronymus knieend in einer Landschaft.

Dieses, auch der kleine Hieronymus genannte Blättchen, ist einer der seltensten Holzschnitte des Dürer'schen Werkes, es ist rund und sehr klar von Schnitt. — Das Original — es existirt davon eine neue sehr täuschende Copie von Kappes — hat ein festes Papier mit 12 Linien Entfernung der Drathstriche.

B. 116. Die acht Schutzheiligen von Oesterreich.

Anfangs hatte Dürer nur sechs Heilige dargestellt und die Abdrücke dieses Holzstocks auf Papier mit der hohen Krone sind eben so ausgezeichnet durch ihre Schärfe als selten. Im Jahre 1517 waren indeß die beiden letzten Heiligen zur rechten Seite, S! Poppo und S! Otto, bereits hinzugefügt und man findet die alten reinen Abdrücke dieser acht Heiligen mit einem lateinischen Gedichte des Johann Stabius, welches die Ueberschrift hat:

Ad sanctos Austriae Patronos Joann Stabii AVPrecatio.

Das Gedicht ist in drei Columnen gedruckt, zu zweimal 16 und einmal 14 Reihen, unter den letztern steht die Jahrszahl MDXVII.*)

Die spateren Abdrücke sind fast immer schon mehr oder minder stumpf. Der Holzstock ist noch vorhanden und Abdrücke davon befinden sich in der von Derschau'schen Sammlung.

B. 117. Die Marter der 10,000 Heiligen.

Die ältesten Drucke haben das Wasserzeichen des großen Reichsapfels mit Strich und Stern, Nr. 24, die späteren sind auf Papier mit dem Wasserzeichen der Schlange, Nr. 47, oder des Wappens von Augsburg und einem A darunter, Nr. 50.

B. 118. Drei stehende Bischöfe.

Das Papier der alten Drucke hat als Wasserzeichen den Ochsenkopf mit dem Caduceus. Die neueren häufigen Abdrücke sind stumpf und

---

*) Hiernach sind die nicht ganz genauen Angaben Heller's, pag. 677, zu berichtigen.

daran kenntlich, daß der Einfassungsrand oben in der Mitte eine ausgesprungene Stelle hat.

B. 119. Ein sich kasteiender Heiliger. 1510.

Man hat schöne Abdrücke davon auf Papier mit dem Wasserzeichen Nr. 44 und 13 Linien Entfernung der Drathstriche.

B. 120. Die Marter der heiligen Catharina.

Die alten klaren und scharfen Abdrücke, dieses im Allgemeinen nicht seltenen Blattes, findet man sehr sparsam; sie haben das Papier von feiner Masse mit dem Wasserzeichen des großen Reichsapfels mit Stern, Nr. 24, und einen Abstand der Drathstriche von 14 Linien.

In den späteren Abdrücken bemerkt man unten rechts die Spuren eines Sprunges, oben links kleine vom Wurmfraß herrührende Fehlstellen. Ihr Papier von geringer Güte hat das auch bei späteren Abdrücken der großen Passion vorkommende Wasserzeichen einer Schlange, Nr. 47.

B. 121. Die Himmelfahrt der heiligen Magdalene.

Es ist auch in den besten Abdrücken ein etwas roher Holzschnitt. Die alten Abdrücke haben als Wasserzeichen die große hohe Krone oder die Wage im Kreise, Nr. 22°.

B. 122. Die Dreifaltigkeit. 1511.

Wie auch Heller bemerkt, findet man diesen sehr beliebten großen Holzschnitt nicht häufig in vollkommen reinen Abdrücken. Die ersten haben das Wasserzeichen der hohen Krone, auch wohl das der Hand mit Blume, Nr. 26. Der Holzstock scheint späterhin gleichzeitig mit denen der großen Passion abgezogen zu sein, wenigstens trifft man gute Abdrücke auf demselben Papier mit dem Wasserzeichen eines verzierten K. Nr. 40, welches bei den bessern Abdrücken des dritten Etats der großen Passion bemerkt ist. Bei späteren Abzügen kommt auch das Wappen von Augsburg vor, diese haben einen Sprung in der Mitte, welcher bis auf das Monogramm-Täfelchen hinunter geht.

B. 123. Das Messopfer des heiligen Gregorius. 1511.

Dieses, auch von Vasari gerühmte schöne Blatt hat in alten Abdrücken das Wasserzeichen der großen hohen Krone oder des Reichsapfels mit Stern. Gute Abdrücke findet man auch auf einem festen Papier mit einem nicht wohl kenntlichen Wasserzeichen, dessen Drathstriche 13½ Linien Entfernung haben.

B. 124. Das jüngste Gericht.

Dieser von Bartsch unter die Arbeiten Dürer's aufgenommene Holzschnitt ist von Heller wohl mit Recht als Nr. 77 unter die zweifelhaften Blätter versetzt.

Das Zeichen Dürer's, von ungewöhnlicher Form, welches die zweiten Drucke haben, ist sichtlich mit einem Stempel aufgedruckt.

Das Papier solcher Abdrücke hat das Wasserzeichen des Reichsadlers.

B. 125. Die Enthauptung des Johannes. 1510.

Die ersten scharfen und reinen Drucke auf Papier mit dem Wasserzeichen der hohen Krone sind selten, sonst ist das Blatt sehr verbreitet. Bei den späteren Abdrücken kommen Fehlstellen vom Wurmfraß oft bis zur Entstellung vor.

B. 126. Herodias empfängt das Haupt des Johannes. 1511.

Auch von diesem Blatte sind die alten reinen Abdrücke nicht häufig, sie haben ebenfalls Papier mit dem Wasserzeichen der hohen Krone, auch wohl ein besonders festes Papier mit 14½ Linien Abstand der Drathstriche.

Beide Holzschnitte werden von Vasari besonders hervorgehoben.

B. 127. Ercules.

Dieser große Holzschnitt hat in den ersten Drucken das Papier mit dem großen Reichsapfel, Strich und Stern darüber, Nr. 24.

Bei späteren jedoch noch guten Abzügen findet man das Wappen von Augsburg mit einem A, Nr. 50.

B. 128. Das Bad.

Auch von diesem Holzschnitt haben die seltenen scharfen frühesten Abdrücke das Wasserzeichen des großen Reichsapfels, mit Strich und Stern im Papier, ein Wasserzeichen, welches man bei den großen Dürer'schen Holzschnitten, deren Datum nicht über das Jahr 1511 hinausgeht, in ersten Drucken allgemein antrifft.

Ich bin aus diesem Grunde, wie aus anderen in der Behandlung des Holzschnitts liegenden Ursachen, der Ansicht: daß derselbe zu den früheren Arbeiten Dürer's gehört, welches auch Heller annimmt und worin ich durch eine in der Sammlung der Kunsthalle in Bremen befindliche Dürersche Zeichnung bestärkt werde, welche ein Frauenbad mit Kindern darstellt, in Styl und Behandlung große Uebereinstimmung mit diesem Holzschnitt hat und die Jahrszahl 1496 trägt. Spätere gute Abdrücke findet man auf Papier mit dem Wasserzeichen des K, Nr. 40, die neueren mit dem Zeichen des Wappens von Augsburg, Nr. 49.

Von diesem Blatte giebt es eine alte bisher ganz unbekannte Wiederholung, wovon der einzige mir zu Gesicht gekommene Abdruck von meinem verehrten Freunde, dem Herrn Dr. Straeter in Aachen, in London aufgefunden und mir überlassen wurde.*) Sie hat kein Monogramm und ist überhaupt keine genaue Copie, scheint vielmehr nach derselben Dürer'schen Zeichnung von einem andern Formschneider gearbeitet zu sein. Der Schnitt ist sehr scharf, und es wäre nicht unmöglich, daß dies der erste Schnitt nach der Zeichnung wäre, welcher unsern Meister vielleicht nicht befriedigt und deshalb den andern Holzschnitt veranlaßt hätte.

Daß der fragliche Abdruck schon bei Lebzeiten Dürer's und zwar anscheinend vor 1515 genommen ist, beweist dessen Papier mit dem Wasserzeichen der großen hohen Krone, Nr. 21, welches bei den ältern Holzschnitten dieser Periode, aber nicht später, vorkommt.

B. 129. Die Säule. 1517.

Herr Dr. Nagler hat auf pag 203 seiner Monogrammisten eine Nachweisung der in Deutschland vorhandenen vollständigen Exemplare dieses schönen in allen 4 Blättern von gleichem alten Druck höchst seltenen Kunstwerks gegeben. Ausser den angeführten ist noch ein vollständiger Abdruck in der Privat-Sammlung des verstorbenen Königs von Sachsen und in der Sammlung des Museums zu Braunschweig auch einer, dem indeß ein Blatt der Mittelstücke fehlt, auf der Festung zu Coburg. —

Bei den alten Drucken, welche nicht aufgelegt waren, habe ich im Papier das Wasserzeichen des stehenden Hundes, Nr. 35, gefunden, bei dem dritten Blatte von oben hat das Exemplar in Braunschweig einen sehr sichtbaren Sprung des Holzstocks, daher die Abdrücke, auch der Mittelstücke, aus verschiedenen Perioden herrühren werden. Einen Beweis hiervon liefert noch der Abdruck in dem Königlichen Kupferstich-Cabinet zu München, unter welchem mit beweglichen Lettern gedruckt steht:

Gedrückt durch Hans Guldenmund briefmaler zu Nürnberg.

Dieses Exemplar ist daher entschieden erst nach Dürer's Tode abgezogen, das Papier desselben hat auch das spätere Wasserzeichen einer Lilie mit 15 Linien Entfernung der Drathstriche. Die oberen und unteren Blätter

---

*) S. De quelle manière prenait on les bains de temps de Charles Quint par le Dr. Straeter. Aix la Chapelle 1858, welchem geistreichen Schriftchen ich in Besirbung auf die Zeit der Anfertigung des Holzschnitts aus den vorher angeführten Gründen nicht beipflichten kann. Vgl. auch Dr. v. Eye Leben und Werke Albrecht Dürer's, pag. 164 ff.

dieses Werkes sind weniger selten und man findet sie zu sehr verschiedenen Zeiten abgedruckt. Ich habe bei den spätern Abdrücken derselben in den Papieren das Wasserzeichen der Schlange, Nr. 47, ein Römisches R in einem geschweiften Schilde, das Wappen von Schrobenhausen, Nr. 15, den Reichsadler und das Wappen von Augsburg gefunden.

B. 130. Die Philosophie.

Dieses seltene Blatt hat Heller unter die zweifelhaften unsers Meisters versetzt. Es weicht freilich in der Behandlung, obgleich mit dem Monogramm versehen, von den übrigen Holzschnitten Dürer's ab, dagegen hat es Aehnlichkeit mit den Holzschnitten zu den Comödien der Rhoswita, welche von vielen Kennern, namentlich auch von C. F. v. Rumohr,*) dem Dürer-Werke zugezählt werden.

Man hat alte Abdrücke auf Papier mit dem Wasserzeichen der großen hohen Krone, Nr. 21, auf deren Rückseite eine lateinische Dedication gedruckt ist, welche folgende Ueberschrift hat:

DN. IMP: MAXIMILIANO AVGVSTO.
CONRADVS. PEVTINGER. AVGVSTANVS.
FOELICITATEM.

B. 131. Der Mann zu Pferde.

Die alten schönen Abdrücke dieses großen Holzschnittes haben das Papier mit dem Wasserzeichen des großen Reichsapfels mit Strich und Stern, Nr. 24. Bei den guten spätern findet man das Wappen von Augsburg, Nr. 50, in einem stark gerippten Papier mit Entfernung der Drathstriche von 14½ Linien, auch wohl ein feines Papier mit gleicher Entfernung der Drathlinien und dem Wasserzeichen eines langen Wappenschildes, Nr. 44.

B. 132. Der Tod und der Soldat. 1510.

Dieser als fliegendes Blatt herausgegebene Holzschnitt gehört zu den seltenen. Man hat davon zweierlei Abdrücke, die ersten mit der Ueberschrift und dem Gedicht, wie Heller solche pag. 686 bis 688 angiebt; haben im Papier das Wasserzeichen des kleineren Reichsapfels mit Strich und Stern, Nr. 24*, und 13½ Linien Abstand zwischen den Drathstrichen.

Die zweiten Abdrücke sind auf Papier mit dem Wasserzeichen der Urne, Nr. 25, und unterscheiden sich durch eine abweichende Schreibart sowohl bei der Ueberschrift als bei dem Gedicht.

---

*) Zur Geschichte und Theorie der Formschneidekunst, pag. 82

Die erstere heißt:
Kein ding hilfft für den zeitlichen Todt
Darumb dienent Gott frü und spott.

B. 133. Der Schulmeister. 1510.

Noch seltner als der vorhergehende ist dieser schöne wohl ohne Zweifel von Dürer eigenhändig geschnittene und ebenfalls als fliegendes Blatt herausgegebene Holzschnitt. Die Ueberschrift ist übrigens von Heller, pag. 684, nicht ganz richtig angegeben, die zweite Zeile heißt:
Der pit got trum hye auff erden.
Die ersten Drücke haben Papier mit dem Ochsenkopf, Kreuz und Blume darüber, Nr. 29, und 13½ bis 14 Linien Abstand der Drathstriche.

B. 134. Das Urtheil des Paris.

Der kleine runde und ausserordentlich seltne, wenn auch nicht sehr schöne Holzschnitt, ist mir nie in einem solchen Zustande vorgekommen, daß ich über die Beschaffenheit des Papiers desselben nähere Kennzeichen anzugeben im Stande wäre. —

B. 135. Die Umarmung.

Nicht weniger selten ist dieses dem vorigen an Größe gleiche Blättchen, das Papier ist dasselbe, auf welchem der kleine Hieronymus, B. 115, vorkommt.

B. 136. Das Rhinoceros. 1515.

Die vortreffliche Original-Federzeichnung zu diesem schönen Holzschnitt, mit einer drei- und dreiviertelzeiligen Unterschrift, von Dürer's Hand, befindet sich bekanntlich im Print-room des British Museum.
Von dem Holzschnitt giebt es nach den bisherigen Annahmen drei Editionen, ich kenne indeß davon neun verschiedene Abdrucks-Gattungen, welche entweder in der Ueberschrift mit beweglichen Lettern oder in der Beschaffenheit des Holzstocks, auch in den Papieren der Abdrücke zum Theil sehr wesentlich von einander abweichen.

1) Nach meinen Wahrnehmungen haben die ersten durch Reinheit und Schärfe von allen übrigen ausgezeichneten Abdrücke eine Ueberschrift von 5 vollen Zeilen. An dem Holzstock ist, bis auf einen ganz kleinen Aussprung des Einfassungsstriches links, 8 Linien von oben, keine Beschädigung wahrzunehmen.
Diese Abdrücke kommen regelmäßig auf dem bei Dürer's Lebzeiten gebräuchlichen festen Papier mit dem Wasserzeichen des Ankers im Kreise.

Nr. 30, vor, welches eine Entfernung der Drathstriche von 13¼ Linien hat.

Die Ueberschrift fängt an:

„Nach Christus gepurt 1513 — —"

und endet:

„Der Rhynocerus Schnell, fräydig vnd Listig sey."

Es ist dieses die von Bartsch und Heller als die zweite bezeichnete Edition, daß sie aber die frühere ist, geht, ausser der vollkommenen Schärfe und Fehlerlosigkeit des Abdrucks, auch aus der offenbar älteren Schreibart der Ueberschrift hervor, indem bei dieser unter andern steht:

Kunig, statt bei der von Heller angeführten ersten, König,

fast fest statt sehr fest

nydertrechtiger von paynen statt niderichter von baynen, u. s. w.

Die von Bartsch erwähnte erste Edition mit 5½ zeiliger Ueberschrift, welche anfängt

Nach Christus Gepurt 1513 u. s. w.

findet sich nirgends und ich glaube annehmen zu dürfen, daß Bartsch die von Heller genauer bezeichnete Abdrucks-Gattung mit 5½ zeiliger Ueberschrift gemeint und den Unterschied in der Schreibart von „nach Christus gepurt" gegen „nach Christi Geburt" nicht beachtet hat.

2) Die von Heller, pag. 692, als erste beschriebene Ausgabe.

Sie hat eine Ueberschrift von 5½ Zeilen, welche anfängt:

„Nach Christi geburt etc." und endet „Der Rhynocerus Schnell, fräydig und Listig sey."

3) Ein Abdruck, ebenfalls mit 5½ zeiliger Ueberschrift, welche anfängt: „Nach Christi geburt etc." und endet „Der Rhinocerus Schnell, fräydig und auch Listig sey."

4) Ein Abdruck mit 5½ zeiliger Ueberschrift, der vorigen gleich, nur daß das Ende derselben heißt:

„Schnell fraidig und auch Listig sey."

5) Ein Abdruck mit 5½ zeiliger Ueberschrift, welche anfängt:

„Nach Choistie geburt" und endet „Der Rhinocerus Schnell fraitig und auch Lustig sey."

Es ist dieses derjenige Abdruck, welchen der verstorbene Schorn im Kunstblatt vom Jahre 1830, pag. 104, als „vielleicht Ersten" bezeichnet, indem derselbe irrthümlich angab: daß solcher 5 Zeilen Ueberschrift habe, wovon jedoch die letzte nicht ganz vollständig sei, auch es übersehen hatte, daß nicht Christie geburt sondern Choistie geburt zu lesen ist.*)

6) Ein Abdruck ohne alle Ueberschrift.

---

*) Diese Berichtigung, nach dem betreffenden Exemplare in dem Königlichen Kupferstich-Cabinet zu Berlin, verdanke ich der Güte des zeitigen Directors desselben Herrn Professor Hotho.

7) Die von Hendrick Hondius veranstaltete Ausgabe, mit einer Holländischen Ueberschrift von 6½ Zeilen und seiner Adresse darunter.

8) Die Abdrücke in Clair Obscur mit farbigen Tonplatten.

9) Spätere Abdrücke ohne Ueberschrift.

Die Editionen 2 bis 5 haben bereits sämmtlich theils mehr theils weniger die Spur eines Anfangs ganz feinen Sprunges des Holzstocks, welcher an der linken Seite in einer Höhe von 27 Linien vom untern Einfassungsstriche die Haare des Schweifes durchschneidet und bis in den rechten Hinterschenkel hinein läuft.

Ausser dem bei der Abdrucksgattung 1 bemerkten kleinen Aussprunge der linken Einfassungslinie, ist hier auch ein kleiner Aussprung derselben in der Höhe von 18 Linien vom untern Rande.

Die mit 3 bezeichneten Abdrücke haben das Wasserzeichen Nr. 42 oder bei einem weichen Papiere das ebenfalls spätere Wasserzeichen Nr. 44. Die unter Nr. 5 aufgeführten ein Papier mit dem Wasserzeichen Nr. 57 und 13½ Linien Entfernung der Drathstriche. Zwischen den Abdrücken 2 bis 5 ist der Unterschied der Schärfe und Erhaltung der Platte nicht sehr bedeutend und sie scheinen in einem nicht sehr langen Zeitraume nach einander veranstaltet zu sein. Desto hervorstechender ist aber dieser Unterschied bei den Nrn. 6 bis 9.

Bei Nr. 6 auf einem festen Papier mit 11 Linien Entfernung der Drathstriche, geht der vorher bezeichnete Sprung der Holzplatte sehr sichtbar durch beide Hinterbeine. Der Einfassungsstrich ist bis auf einen neuen sichtbaren Aussprung rechts oben noch wohl erhalten.

Nr. 7 ist auf Holländischem Papier mit der großen Schellenkappe und 11¾ Linien Abstand der Drathstriche. Der Sprung ist durch alle vier Beine sichtbar und der Einfassungsstrich hat eine größere Fehlstelle von 6 Linien Breite an der linken Seite, 22 Linien von oben. Hieran sind diese in der ersten Hälfte des 17. Jahrhunderts veranstalteten Abdrücke zu erkennen, auch wenn, wie häufig, die Schrift abgeschnitten ist.

Bartsch hat sich*) in seinem großen Eifer darzuthun: daß Albrecht Dürer nicht selbst in Holz geschnitten habe, durch die Unterschrift dieser Holländischen Edition verleiten lassen, es für wahrscheinlich zu halten: daß Hondius die Platte dieses Rhinoceros geschnitten habe, eine Vermuthung, welche bei einem so einsichtsvollen Kenner um so mehr auffallen muß, als Hendrick Hondius bekanntlich über hundert Jahre später als Dürer lebte und arbeitete.

Die Abdrücke mit farbigen Tonplatten, Nr. 8, — welche sowohl in grüner als brauner Farbe vorkommen und, als große von unserm Meister selbst herrührende Seltenheiten, von den Liebhabern sehr gesucht und theuer bezahlt werden, sind erweislich erst später als die Ausgabe durch Hondius veranstaltet; denn der Sprung in dem Holzstock geht — wenn

---

*) Le peintre Graveur, vol. VII, pag. 19.

er nicht, wie manchmal, künstlich ausgebessert ist — durch alle vier Beine und auch durch die Schwanze des Thiers. Der Einfassungsstrich hat größere Unterbrechungen, namentlich oben, und fehlt an der rechten untern Ecke ganz, in der Breite von 12 und in der Höhe von 14 Linien; das Papier hat eine Entfernung der Drathstriche von knapp 11 Linien. Diese Clair Obscurs sind ohne Zweifel von dem Willem Janssen in Amsterdam gedruckt, welcher ganz gleiche Abdrücke von Dürer's Portrait des Ulrich Varnbühler, B. 155, und von mehreren Holzschnitten des Heinrich Goltzius veranstaltet hat.*)

Die schwarzen Abdrücke, Nr. 9, haben dieselben bei der vorstehenden Gattung bemerkten Fehlstellen des Holzstocks, aber ausserdem die Spuren kleiner Wurmlöcher an dem untern Schilde des Halses und eines größeren am linken Vorderbeine, ihr Papier hat einen Abstand der Drathstriche von nur 10½ Linien.

Ob übrigens die von mir bei den Abdrucks-Gattungen 2 bis 5 angenommene Priorität die völlig richtige ist, muß ich dahin gestellt sein lassen; da es mir nicht möglich gewesen ist, Abdrücke dieser vier Gattungen zu genauer Vergleichung neben einander zu haben. Die von mir beobachtete Reihenfolge ist wesentlich auf den Abweichungen der Schreibart in den Ueberschriften begründet und es ist daher immerhin möglich, daß ein von mir später bemerkter Abdruck früher als ein vor ihm stehender genommen ist. Die kleinen Beschädigungen durch den Sprung des Holzstocks sind ausserdem nicht bei allen Abdrücken derselben Gattung ganz gleich, so liegt mir von der häufiger vorkommenden Nr. 5, bei welcher man diesen Sprung in der Regel besonders bemerkt, ein Abdruck vor, auf dem derselbe kaum wahrzunehmen ist, wogegen sich in der Privatsammlung des verstorbenen Königs von Sachsen in Dresden ein Abdruck von Nr. 1 befindet, bei welchem der Riß bereits sichtbar ist.**)

B. 137. Die Belagerung einer Stadt. 1527.
In zwei Blättern.

Dieser nicht sehr häufige Holzschnitt bei Heller***) wohl über Gebühr gepriesen, von v. Rumohr†) und Nagler††) dagegen zu gering geschätzt, ist zwar augenscheinlich nicht von Dürer's Hand geschnitten, doch liegt demselben ohne Zweifel eine Zeichnung desselben zum Grunde.

Will man auch nicht die Meinung einiger Sammler theilen, welche diese Blätter als zu dem im Jahre 1527 gedruckten Werke Dürer's

---

*) Vergleiche pag. 89.
**) Bei den Bemerkungen wegen der Nr. 1 bis 5 bin ich durch die bereitwillige Gefälligkeit des Herrn Professor Gruner, Director der Königlichen Kupferstich-Sammlung in Dresden, wesentlich unterstützt.
***) Pag. 690.
†) Zur Geschichte und Theorie der Formschneidekunst, pag. 88.
††) Die Monogrammisten, pag. 199.

„Etliche underricht, zu befestigung der Stett, Schloß und Flecken gebörig, bezeichnen, so stehen sie doch zu demselben in der genausten Beziehung, indem sie es anschaulich machen: wie eine nach den Vorschriften jenes Unterrichts befestigte Stadt belagert und vertheidigt werden kann. Mit der auf dem 2. Blatte über dem Monogramm stehenden Jahrzahl 1527 stimmen die in den Papieren der ersten Abdrücke vorkommenden Wasserzeichen der kleinen hohen Krone, Nr. 36, und des stehenden Hundes, Nr. 35, überein, welche sich ebenfalls in den Papieren der zu dem vorbezeichneten Werke gehörenden Holzschnitte befinden. — Spätere Abdrücke haben das Wasserzeichen einer hohen Hand mit Stern darüber, oder des Reichsadlers, sind auch zum Theil nicht frei von Spuren des Wurmfraßes in den Holzstöcken.

B. 138. Der Triumphbogen des Kaisers Maximilian.

Ueber dieses große Werk finden sich ausführliche Nachrichten bei Bartsch, Heller und Nagler. Ich kann denselben nur hinzufügen: daß sich ausser den von diesen angeführten Exemplaren, ein vortreffliches alt illuminirtes und auf Leinwand gezogenes auf der Bibliothek in Wolfenbüttel befindet, welches leider theilweise beschädigt ist*) und daß die Königliche Kupferstich-Sammlung in Stuttgart einen vollständigen alten Abdruck in einzelnen Blättern besitzt, welcher in den durch das Aufkleben der „Porten des Lobes" und der „Porten des Adels" bewirkten Correcturen mit denjenigen beiden Exemplaren übereinstimmt, welche die vortreffliche Königliche Kupferstich-Sammlung in Copenhagen zieren.**)

Sowohl das Exemplar in Stuttgart als die in Copenhagen haben ein sehr festes Papier mit dem Wasserzeichen des großen Reichsadlers mit Krone, welches auf einen erst nach Dürer's Tode stattgefundenen Abdruck schließen läßt. In Copenhagen konnte ich die Dratrippen nicht unterscheiden, in Stuttgart betrug die Entfernung derselben 16½, Linien, übrigens muß das hier aufbewahrte Exemplar später gedruckt sein, wie das Copenhagener, da einzelne Stöcke schon Sprünge zeigen, welche hier nicht bemerkbar sind.

Nach meiner Ansicht dürfte es trotz der neueren umfassenden Untersuchungen des Herrn Dr. H. (Ilax***) doch sehr schwierig sein, mit einiger Sicherheit die Priorität der verschiedenen alten Abdrücke zu bestimmen.

Aeltere Abdrücke von einzelnen Holzstöcken dieses Werks, namentlich der Schlachten, finden sich in verschiedenen Sammlungen, zuweilen sehr schön auf Papier mit dem Wasserzeichen des Ochsenkopfes mit Kreuz

---

*) Vgl. Archiv für die zeichnenden Künste von Naumann, 2. Jahrgang, pag. 91.
**) Siehe die Nachricht des Etatsraths Thiele hochverdientem Director der Copenhagener Kupferstich-Sammlung im Berliner Kunstblatt vom Jahre 1853, pag. 178.
***) Quellen und Forschungen zur Vaterländischen Geschichte, Wien 1849.

und Blume, oder dem Oval mit Kreuz, Nr. 34, jedoch etwas größer, sie sind übrigens durch ihre Reinheit und Schärfe leicht von denen der spätesten von Bartsch veranstalteten Ausgabe zu unterscheiden.

B. 139. Der Triumphwagen des Kaisers Maximilian.

Die erste Ausgabe dieses vortrefflich von Dürer gezeichneten, von Hieronymus Resch geschnittenen Kunstwerks, aus 8 Blättern bestehend, ist ausserordentlich selten und fehlt vielen der berühmtesten Sammlungen. Sie ist mit ganz deutschem Text auf den 6 letzten Blättern und nicht wie Bartsch bei der ersten Ausgabe angiebt, auch mit Lateinischem Text auf dem 3. und 8. Blatte. Auch die Schreibart ist alterthümlicher, als sie Bartsch und Heller angeben. Sie fängt auf dem 3. Blatte an:

„Diser nachverzeychenter Eren oder Triumph wagen, ist dem allerdurchleuchtigisten Großmechtigisten Herrn wey- | lund Keyser Maximilian. hochlöblicher gedechtnuß vnserem allergnaedigisten Hern zü sonderen eren erfunden vnnd | verordent, vnnd zü vnterthenigem gefallen dem großmechtigisten yetz Regierenten Keyser Karolo etc. durch Albrecht Dürer daselbst in das werck gepracht."
und endigt auf dem 8. Blatt:

„Diser wagen ist zu Nürmberg erfundē | gerißen vnnd gedruckt durch Albrechten Thürer im jar

M. D. rrij.
Cum Gratia et Privilegio Cesareo Maiestatis.

Schorn*) nimmt zwar an, daß es noch eine frühere Ausgabe ohne dieses Privilegium gäbe, weil Bartsch und Heller desselben nicht erwähnen, ich halte dieses aber für eine Auslassung des Bartsch, welche Heller, wie gewöhnlich ohne eigne Untersuchung, nachgeschrieben hat. Ich habe nie einen Abdruck, weder mit deutschem noch lateinischem Texte, ohne dieses Privilegium gesehen, auch hatte Albrecht Dürer ja bereits im Jahre 1511 ein Kaiserliches Privilegium für die von ihm herausgegebenen Werke erhalten.

Die erste Ausgabe, von eben so scharfem als kräftigem Druck, welche auf den ersten sieben Blättern unten die großen lateinischen Buchstaben A bis G auf dem achten aber ein großes Gothisches H als Signatur hat, ist auf einem sehr festen Papiere mit dem Wasserzeichen Nr. 32, welches einen Abstand der Drathstriche von 13½, bis 14 Linien hat, es ist dasselbe Papier, welches Dürer auch zu den Abdrücken anderer größerer Blätter verwendet hat. Die zweite Ausgabe mit ganz lateinischem Texte und der Jahrzahl 1523 ist im Abdruck fast eben so schön als die vorhergehende, und hat auch dasselbe Papier. Die Signaturen auf den ersten sieben Blättern sind gleich der Ausgabe mit deutschem Text, auf dem

---
*) Kunstblatt von 1850, pag. 104.

letzten Blatt ist aber die Signatur ein kleines Lateinisches h. Man trifft übrigens auch Exemplare, bei denen Abzüge der ersten und zweiten Ausgabe zusammen gefügt sind, wie namentlich dasjenige in dem Königlichen Kupferstich-Cabinet zu Stuttgart.

Weniger scharf im Druck und überhaupt geringer ist eine dritte Ausgabe, ebenfalls mit deutschem Text und der Jahrszahl 1522, welche aber augenscheinlich später und, dem Papiere nach, erst nach Dürer's Tode gedruckt wurde. Sie ist daran zu erkennen, daß auf dem achten Blatte die Jahrszahl in Arabischen Ziffern gedruckt ist 1522 statt auf der ersten Ausgabe ſH. D. rrjj — auch ist bei dem Privilegio ein Druckfehler, indem statt Maiestatis steht Waiestatis.

Das Papier ist weniger fest als bei den früheren Ausgaben und hat das herzförmige Wasserzeichen, Nr. 56, mit nur 12 Linien Entfernung der Drathstriche.

Eine dieser ganz ähnliche, der Schärfe des Drucks und dem Papiere nach ebenfalls spätere Edition, kommt auch mit lateinischem Text und der Jahrszahl MDXXIII vor. Die ersten beiden Blätter derselben sind ohne die Signaturen A und B, die beweglichen Lettern der Ueberschrift, sichtbar stumpfer als bei der früheren Edition, auch ist das Papier geringer von Güte; es hat das Wasserzeichen eines geschweiften durch einen Balken schräg durchschnittenen Schildes mit 2 sechsstrahligen Sternen und 16 Linien Entfernung der Drathstriche.

Die in Venedig von Chinig veranstaltete Ausgabe mit der Jahrszahl 1588 ist zwar bedeutend stumpfer als die früheren, doch sind die Holzstücke noch fast unversehrt. Das feste Papier derselben hat Drathstriche in der Entfernung von 12¾ Linien. Die Signatur auf dem letzten Blatte, bei der ersten lateinischen Ausgabe ein kleines Lateinisches h, ist bei dieser Ausgabe ein großes H. Es kommen auch spätere Abdrücke von einzelnen der Holzstücke vor, bei denen indeß bedeutende Sprünge in denselben sichtbar sind.

Die bisher als vierte bekannte Ausgabe vom Jahre 1609 ist mit vollem Recht von Schorn[*] als Copie bezeichnet, doch können die Stöcke wohl nicht, wie derselbe vermuthet, von dem bekannten Maler und Formschneider Johann (nicht Cornelius) Liefrinck geschnitten sein, da dieser noch im Jahre 1580 lebte, der erste Druck dieser Copien aber von der Wittwe des Cornelius Liefrinck in Antwerpen schon 1545 veranstaltet wurde. — Ich vermuthe: daß die Holzstöcke dieser Copie diejenigen sind, welche von Hans Güldenmund in Nürnberg geschnitten und wie von Herrn J. A. Börner zuerst bemerkt ist, von jenem im Jahre 1529 herausgegeben wurden.

Wenn nun gleich auf die Klage der Wittwe Dürer[**]) dem Gülden-

---

[*]) Kunstblatt vom Jahre 1830, pag. 108.
[**]) Siehe die Monogrammisten von Nagler, 3. Heft, pag. 198.

mund die fernere Verbreitung der Abdrücke untersagt war, so wird nach dem Tode derselben, die Benutzung der Platten, namentlich zu einem Abdruck in Antwerpen, keine Schwierigkeiten gehabt haben, auch entspricht der Schnitt der Stöcke den zahlreichen bekannten Arbeiten des Güldenmund vollkommen.

Bei den Abdrücken vom Jahre 1609 bemerkt man an mancherlei kleinen Beschädigungen und Aussprüngen, daß die Holzstöcke schon alt waren.

Das Papier hat das Wasserzeichen der Lilie mit einer Krone darüber, Nr. 54, und einen Abstand der Drathstriche von 12 Linien.

Die Platten 3 bis 8 sind mit den Zahlen 1 bis 6 bezeichnet. —

B. 140 bis 145. Die sechs Stickmuster.

Diese kunstreichen Holzschnitte, welche Dürer in seinem Tagebuche*) „die Sechs Knoten" benennt, sind in den ersten Drucken, ohne das Monogramm unsers Meisters, sehr selten, besonders vollzählig, da gewöhnlich Nr. 144 fehlt. Das Papier dieser Drucke von besonders feiner Masse, ist weiß, fest und dünn, mit einer Entfernung der Drathstriche von 14 Linien. Das Wasserzeichen desselben, welches wegen des schwarzen Grundes nur theilweise wahrgenommen werden kann, ist das bei Dürer selten vorkommende, des Cardinalhuts.

Die zweiten Drucke, mit Hinzufügung des Monogramms auf den ersten vier Blättern, haben weniger Schärfe und Klarheit. Sie kommen auf verschiedenen Papieren vor, mit dem Wasserzeichen eines Kreuzes im Kreise, eines römischen E im Kreise, Nr. 55, und des Reichsadlers. Die älteren davon haben indeß ein gutes festes Papier, welches denen der ersten Drucke nahe kommt, indeß nur einen Abstand zwischen den Drathstrichen von 12 Linien hat.

Die späteren Abdrücke von Nr. 140 zeigen einen sehr sichtbaren Sprung des Holzstockes.

B. 146 und 147. Zwei Männer, welche zeichnen,

gehören zu Dürer's Werk „Underweysung der meßung, mit dem zirkel vñ richtscheyt, u. s. w." und finden sich bei der ersten Ausgabe von 1525 auf den Blättern qij und qiij.

Das Papier hat das Wasserzeichen des Ankers im Kreise, Nr. 30, mit Entfernung der Drathstriche von 14½ Linien.

B. 148 und 149. Ein Mann zeichnet eine Urne,
Ein Mann zeichnet eine Frau,

kommen erst in der zweiten im Jahr 1538 veranstalteten Ausgabe des obigen Buches vor, wo sie auf der Rückseite des Blattes q3 abgedruckt

---

*) S. Campens Reliquien, pag. 113.

sind. Das Papierzeichen ist hier ein kleiner Reichsapfel mit Kreuz darüber, Nr. 37. Die Entfernung der Drathstriche beträgt 12¼ Linien.

Obgleich diese zwei Blätter erst zehn Jahre nach Dürer's Tode zum Abdruck gekommen sind, so rühren sie doch, was die Zeichnung anbetrifft, unzweifelhaft von unserm Meister her. Die Zeichnung zu 148 mit der Jahrszahl 1514 ist noch jetzt erhalten und befindet sich auf der Königlichen Bibliothek zu Dresden.*)

B. 150 bis 152. Die drei Himmelsgloben. 1515.

Sie gehören in alten Abdrücken, besonders vollständig, zu den grossen Seltenheiten. Ihr Papier ist sehr stark und schön, und von demselben, welches Dürer auch zu den drei grossen Büchern verwendete. Es hat das Wasserzeichen des Triangels mit Strich und fünfblättriger Blume, Nr. 28. Die späteren Abdrücke sind an dem Mangel von Schärfe und Reinheit, wie an den geringeren Papieren leicht erkennbar.

B. 153. Brustbild des Kaisers Maximilian mit einer Einfassung von Säulen. 1519.

Dieser schöne Holzschnitt, nach der von Dürer am Montag nach Jobannis 1518 genommenen Portrait-Zeichnung — jetzt eine der Zierden der Sammlung des Erzherzogs Albrecht in Wien — ist eben so beliebt, als in den ersten ganz klaren und von jeder Beschädigung freien Abdrücken ausserordentlich selten. Bei den meisten Abdrücken ist ein Sprung der Holzplatte sichtbar, welcher, an der linken Seite Hut und Haar bis auf das Gewand durchschneidend, perpendikulär hinuntergeht, auch sind wohl kleine Wurmlöcher in den Haaren bemerkbar. Solche Exemplare findet man auf Papier mit dem Wasserzeichen des Reichsadlers, oder des Wappens von Augsburg mit einem A darunter, Nr. 50.

B. 154. Dasselbe Brustbild ohne Einfassung.

Von den Abdrücken dieses Holzschnitts, deren Kennzeichen darin besteht: daß bei der oben auf einer Baudrolle befindlichen Inschrift die Buchstaben ae des Wortes Caesar sich in dem Bauche des grossen C befinden, sind mir nur zwei bekannt, der eine aus der von Nagler'schen Sammlung, jetzt in dem Königlichen Kupferstich-Cabinet in Berlin, der andere in der ehemaligen von Quandt'schen Sammlung in Dresden, gegenwärtig im Besitz des Herrn Cornill d'Orville in Frankfurt a. M.

Die gewöhnlich vorkommenden Abdrücke, bei denen das ae zusam-

---

*) Vgl. in der 3. Abtheilung die Dürer'schen Handzeichnungen.

mengezogen, wie gebräuchlich dem großen C nachgesetzt ist, hält Schorn*) für eine Nachbildung des Holzschnittes 153. — Ich kann dieser Ansicht nicht beipflichten, sondern möchte glauben, daß dieses Blatt wie das von Schorn beschriebene, Arbeiten verschiedener Xylographen nach derselben Zeichnung Dürer's sind, von denen allerdings der des ersteren der geschicktere war. Man findet bei dem ersten das Wasserzeichen der in Dürer's letzter Lebenszeit vorkommenden kleinen Krone mit 11½ Linien Entfernung der Drathstriche, bei dem letzteren noch recht gute Drucke auf einem nicht sehr griffigen Papier, dessen Drathstriche 12 Linien Entfernung haben. Das von Schorn beschriebene Exemplar ist durch August Künzel in Berlin auf Stein treu doch etwas zu elegant nachgezeichnet. —

B. 155. Brustbild des Ulrich Varnbühler.

Dieses vortreffliche Portrait ist nicht häufig, besonders selten aber in den alten Abdrücken, wo der scharfe Holzschnitt noch nicht die geringste Spur von Beschädigung zeigt.

Solche Abdrücke sind auf einem sehr festen Papiere mit einer Entfernung der Drathstriche von 14 auch wohl 13½ Linien. Spätere Abdrücke haben ein ziemlich dünnes Papier mit dem herzförmigen Wasserzeichen, Nr. 56, und 11½ Linien Entfernung der Drathstriche, oder Papier mit dem großen Wasserzeichen Nr. 50.

Bei diesen ist indeß schon an der linken Seite ein feiner Sprung sichtbar, welcher durch den Besatz des Kleides bis auf die Brust geht.

Der Holzstock ist späterhin nach Holland gekommen und Hendrick Hondius hat Abdrücke davon veranstaltet, welche man, ausser der (gewöhnlich abgeschnittenen) Adresse desselben, an dem Papiere mit dem Wasserzeichen eines großen geschweiften Wappens erkennt, welches eine Querabtheilung hat.

Die Abdrücke dieses Holzschnittes in Clair Obscur, mit verschiedenen Platten in grünlichem oder bräunlichem Tone gedruckt, welche von den Samlern sehr gesucht und theuer bezahlt werden, rühren nicht von Albrecht Dürer her, sondern sind, wie solches Schorn bereits im Kunstblatt vom Jahre 1830, pag. 108 bemerkt hat, viel später veranstaltet. Auf den wenigen Exemplaren, deren Papierrand erhalten ist, findet man die Adresse des Druckers Janssen, welcher in Amsterdam um die Zeit des Hondius lebte. Sie lautet:

„Ghedruckt t' Amsterdam by Willem Janssen in de vergulde Sonnewyser."

Das Papier dieser Abdrücke mit einer Entfernung der Drathstriche von 15 Linien, hat ein ziemlich großes zirkelförmiges Wasserzeichen an einer Seite mit drei Zirkelschlägen über einander.

---

*) S. Kunstblatt vom Jahre 1832, pag. 329 und 330.

Das Papier ist nicht sehr griffig und bei den nicht retouchirten Abdrücken ist der bereits oben erwähnte Sprung des Holzstocks sichtbar, auch haben die breiten Einfassungslinien Unterbrechungen, anscheinend von Aussprüngen, namentlich in dem obern Strich eine größere und eine kleinere Lücke, in dem untern 6 Unterbrechungen, wovon 4 kleiner, 2 aber größer sind, auch die Einfassungslinie links hat oben eine Lücke.

Durch diesen Willem Janssen, welcher im Jahre 1620 einen Prospect von Amsterdam veröffentlicht hat, sind auch von den Holzschnitten des Goltzius, namentlich von B. 226*) und 231**), clair obscurs mit 3 Platten gedruckt, in Farbe und Druckweise den Abdrücken des Varnbühler vollkommen entsprechend.

B. 156. Brustbild Albrecht Dürer's.

Es ist aus der letzten Lebenszeit unsers Künstlers und derselbe erscheint nicht mehr geschmückt mit den langen Locken, welche ihn in früheren Jahren und noch auf der Reise in den Niederlanden zierten.

Die ersten und zweiten Abdrücke dieses Holzschnitts sind selten.

Die Ersten haben Papier mit dem Wasserzeichen des Ochsenkopfes mit dem Caduceus, Nr. 31, oder eines verzierten gothischen P, Nr. 38.

Das Papier der zweiten Drucke hat das Wasserzeichen der Schlange, Nr. 47, oder zweier großer verbundener Thürme mit 12 Linien Abstand der Drahtstriche, auch eines kleinen geschweiften Wappens mit einer Krone und 13¼ Linien Entfernung derselben. Von dieser zweiten Ausgabe, mit den Versen darunter, befindet sich ein alter colorirter Abdruck in der Königlichen Kupferstich-Sammlung zu Copenhagen, unter welchem, abweichend von der Angabe Hellers, pag. 746, steht:

„Getruckt durch Hans Glaser Brieffmaler zu Nürnberg auf der Schmeltzhüten."

Die alten Abdrücke der dritten Edition, nachdem die Jahrszahl 1527 und das Monogramm in die Thür des Dürer'schen Wappens eingefügt war, trifft man mit dem Wasserzeichen des Reichsadlers, eines Thurms mit fünfzackiger Krone, oder auf einem Papier, dessen Drathstriche einen Abstand von 15 Linien haben und als Wasserzeichen eine Lilie im Kreise, Nr. 53.

Die häufigen späteren Abdrücke sind an den sichtbaren Spuren des Wurmfraßes in dem Holzstock, besonders an der Nasenspitze kenntlich.

B. 157. Brustbild des Johann Freiherrn zu Schwarzenberg.

Dieses von Bartsch zu den Dürer'schen Holzschnitten gerechnete Blatt ist eine, ohne Zweifel erst nach des Meisters Tode gearbeitete Nachbildung

---
*) Bartsch, Vol. 3, pag. 72.
**) Heller, Zusätze zum Bartsch.

eines seiner Portraite, denn es kommt zuerst in der am 16. Februar 1531 von Heinrich Steiner in Augsburg vollendeten Ausgabe der Officia M. T. C. auf der Rückseite des Titels vor.

Diese erste Ausgabe ist sehr selten, der Holzschnitt ist darin auf einem festen Papier gedruckt, dessen Drathstriche durchschnittlich eine Entfernung von 14½ Linien haben, und als Wasserzeichen ein Oval mit fünfstrahligem Stern darüber, in der Art wie Nr. 34, nur größer. — Ueber den Formschneider dieses Holzschnitts, der sich unten rechts mit einem römischen von einem Querbalken durchschnittenen B bezeichnet hat, herrscht eine große Meinungsverschiedenheit und auch die ausführlichen Erörterungen darüber in Nagler's Monogrammisten, pag. 811 bis 814, führen zu keinem bestimmten Resultate.

Ausser den vorstehend, unter Nr. 153 bis 157 aufgeführten Bildnissen unsers Meisters, giebt es noch ein kleines höchst seltenes Holzschnitt-Portrait desselben, welches Bartsch nicht gekannt hat, Heller aber irrthümlich unter die zweifelhaften Blätter versetzt, und pag. 825, Nr. 193 beschreibt.

Es ist das Brustbild des durch seine Verdienste um die Wiederbelebung des Studiums der classischen Literatur bekannten Nürnberger Gelehrten Eoban Heß*), Zeitgenosse Dürer's, nur 4 Zoll 9 Linien hoch und 3 Zoll 6 Linien breit, aber sehr schön.

Wenn auch der Schnitt selbst nicht von Dürer sein wird, da er etwas technisch elegantes hat, in der Art, wie die Arbeiten des Resch, so ist doch die Zeichnung erwiesen von unserm Meister, denn auf der Rückseite der ersten Abdrücke, welche von Peipus in Nürnberg im Jahre 1527, also noch bei Lebzeiten Dürer's, als Titelblatt veröffentlicht wurden, steht gedruckt:

„In Imaginem Eobani Hessi sui ab Alberto Dürero hujus aetatis Apelle graphice expressam, aliquod Epigrammata Johannis Alexandri Brassiciani etc."

B. 158. Die fünf Kaiserlichen Wappenschilde.

Die ersten Drucke dieses einfach aber charakteristisch behandelten Holzschnitts, finden sich in dem im Jahre 1502 bei Koberger in Nürnberg gedruckten Buche, der himmlischen Offenbarung der heiligen Brigitta.

Die zweiten Drucke haben die Jahrzahl 1504 und das Dürer'sche Monogramm, sie sind noch rein und scharf und ihr Papier hat 12½ Linien Entfernung der Drathstriche.

---

*) S. Nürnbergs Bedeutung von Otto Gabler, pag. 32.

B. 159. Das Wappen der Familie Behaim.

Dieses schön verzierte höchst wahrscheinlich von Dürer selbst geschnittene Wappen ist nicht häufig.
Das Papier der ersten Drucke hat das Wasserzeichen der hohen Krone, Nr. 21. Die zweiten oft noch recht reinen und scharfen Drucke findet man auf Papier mit dem Nürnberger Wappen, Nr. 41, und knapp 11 Linien Entfernung der Drathstriche.

B. 160. Das Wappen Albrecht Dürer's.

Noch seltner als von dem vorhergehenden trifft man die schönen Abdrücke, auf Papier mit dem Wasserzeichen des stehenden Hundes, Nr. 35. Die späteren haben das Wasserzeichen des Wappens von Nürnberg.

B. 161. Das Wappen von Kress von Kressenstein.

Die alten Drucke findet man auf Papier mit dem Wasserzeichen der verbundenen zwei Thürme, spätere, jedoch noch gute, mit dem Wappen von Nürnberg und kaum 11 Linien Entfernung der Drathstriche. Diese haben die Spur eines ganz feinen Sprunges, welcher die Laubverzierungen an der dem Beschauer rechten Seite perpendikulär durchschneidet.

B. 162. Das Wappen der Stadt Nürnberg. 1521.

Man erkennt die ältesten Drucke daran, daß auf der Rückseite gedruckt steht:

Reformation der Stat Nuremberg.
Cum Gratia et Privilegio.

Das starke Papier hat Drathstreifen mit einer Entfernung von 12½ Linien. Bei guten Drucken ohne diesen Text auf der Rückseite findet man das Wasserzeichen des Ochsenkopfes mit dem Caduceus, ein Zeichen, welches, wie von mir wiederholt angeführt ist, bei Dürer'schen Holzschnitten späterer Zeit mehrfach, nicht aber, wie Dr. Nagler[*]) bemerkt, bei Dürer'schen Kupferstichen vorkommt.

B. 163. Das Wappen des Hector Pömer.

Dieses findet man häufig in neuen von Herrn Campe in Nürnberg, der den Holzstock besaß, veranstalteten Abdrücken. Die älteren haben das Wasserzeichen eines geschweiften Wappens mit Krone und eine Entfer-

---

*) Die Monogrammisten, 3. Heft, pag. 208.

nung der Drathstriche von 12 Linien. Der unten rechts von der Jahrszahl befindliche Buchstabe R könnte vermuthen lassen, daß dieser Holzstock von Resch geschnitten sei.

B. 164. Die Wappen von Scheurl und von Geuder.

Von diesem complicirten Wappen giebt es verschiedene Combinationen und Abänderungen.

Die ersten Drucke haben im Papier das Wasserzeichen der hohen Krone, Nr. 21, die späteren dasjenige des Reichsadlers.

Die Abdrücke, welche mit feinen Lateinischen Lettern die Inschrift, „Dominus dedit, Dominus abstulit etc." haben, sind augenscheinlich neuere, man findet einzelne davon auf Papier mit dem Wasserzeichen des Hundes.

Die neuesten, gegen die älteren sehr abweichenden Abzüge, sind durch den Herrn Cornill d'Orville in Frankfurt a. M. verbreitet, welcher den Holzstock davon besitzt.

B. 165 und 166. Die Wappen von Johann Stabius.

Die Holzplatten dieser Wappen befinden sich in Wien, und im Jahre 1781 sind Abdrücke davon veranstaltet, welche man gewöhnlich in den Sammlungen antrifft. Sie sind ausser der Unterschrift an einem weißen sehr festen und etwas rauhen Papiere kenntlich, dessen Drathstriche 12 Linien entfernt sind, auch sieht man an den Einfassungsstrichen, namentlich bei B. 166 ausgesprungene Stellen und kleine Wurmlöcher.

B. 167 und 168. Die Wappen des Lorenz Staiber.

Unter den obigen Nummern beschreibt Bartsch zwei verschiedene Abdrücke desselben Holzstocks, welcher späterhin durch Hinzufügung einer Krone und zweier Fähnlein an dem Löwen über dem Helme abgeändert wurde. Heller führt davon pag. 739 unter Nr. 1946 richtiger drei verschiedene Abdrucks-Gattungen an, wovon die dritte, ausser dem Wegfall der oberen Inschrift, an kleinen Fehlstellen im Grunde und einem feinen links am Kopfe des Löwen sichtbaren Sprunge kenntlich ist. Das Papier derselben hat das Wasserzeichen des Nürnberger Wappens und einen Abstand der Drathstriche von 11½ Linien.

Von diesem Wappen giebt es übrigens einen älteren Holzschnitt, von dem ich den einzigen mir bisher vorgekommenen Abdruck besitze. Derselbe übertrifft den späteren bedeutend in Charakter und Schwung der Zeichnung, dabei ist der Schnitt der horizontalen Linien des Grundes wie bei dem Behaim'schen Wappen, B. 159, nicht ganz regelmäßig, daher ich auch diesen für einen eigenhändigen Schnitt Dürer's halten zu dürfen glaube.

Der wesentliche Unterschied in der Darstellung des Wappens besteht darin: daß das abgetheilte Schild mit dem Leoparden und dem Hunde,

an der linken Seite ausgeschweift und noch nicht, wie auf dem späteren
Holzstock, mit der Ordenskette umgeben ist, welche dem Staiber von dem
Könige von England als ein Gnadengeschenk verliehen wurde und derjenigen
gleicht, welche noch jetzt die Großkreuze des Bath-Ordens in England
tragen*). Dieser Holzstock ist daher früher geschnitten als jene Verleihung
stattgefunden hatte. —
Die fragliche Kette ist zwar links oben neben dem Büffelhorn abgebildet,
aber augenscheinlich durch eine spätere Hinzufügung.
Der Abdruck hat weder Ueberschrift noch Unterschrift, doch scheint
das in der Höhe nur 11³/₄ Zoll, in der Breite 8¹/₂ Zoll messende Papier
beschnitten. Das Wasserzeichen desselben ist die hohe Krone mit der
etwas eckigen Form des Bügels, Nr. 36, wie solche in der letzteren Lebenszeit
Dürer's vorkommt.
Die Entfernung der Drathrippen beträgt 12¹/₂ Linien.

B. 169. Das Wappen mit den drei Löwenköpfen.

Dieses ist in alten Drucken selten, und mir ist kein Exemplar davon
vorgekommen, bei dem ich eines der zu Dürer's Lebenszeit gebräuchlichen
Papiere hätte wahrnehmen können. Die neueren im Jahre 1781 in Wien
veranstalteten Abdrücke sind an ihren festen doch rauhen Papieren leicht
zu erkennen.

B. 170. Das Wappen mit dem wilden Mann.

Die alten Drucke kommen auf Papier mit zwei kleinen verbundenen
Thürmen in einem geschweiften Schilde, oder mit dem Wasserzeichen
Nr. 43 vor. Die Drathstriche dieser sind 12¹/₂ Linien von einander
entfernt.

Ausser der bedeutenden Zahl der in diesem 2. Abschnitte aufgeführten
von Dürer selbst gearbeiteten oder von ihm veranstalteten Holzschnitte,
hat unser Meister noch verschiedene andere vorbereitet gehabt, an deren
Ausführung er durch Umstände oder seinen frühzeitigen Tod verhindert
sein wird. Einen Beweis dafür geben mehrere noch erhaltene Federzeichnungen
desselben, welche ihrer ganzen Behandlung nach nur für die Ausführung
in Holzschnitt bestimmt gewesen sein können.

---

*) Diese Nachweisung verdanke ich meinem verehrten Freunde Herrn W. H. Carpenter,
Director des print-room des British-Museums.

Eine der schönsten dieser Art war bisher im Besitz des kunstliebenden als Medailleur berühmten Professors J. D. Böhm in Wien, und ich verdanke es der besonderen Begünstigung desselben, daß solche mit einer Anzahl anderer Skizzen und Zeichnungen Dürer's seit Kurzem in meine Sammlung übergegangen ist.

Da es zu bedauern sein würde, wenn diese unzweifelhaft von unserm Meister für die Vervielfältigung bestimmte Arbeit ferner der Oeffentlichkeit entzogen bliebe, so habe ich veranlaßt, daß solche durch den rühmlichst bekannten Xylographen Herrn Flegel in Leipzig in Holz geschnitten ist und die Freunde Dürer'scher Kunst finden einen Abdruck davon als Anlage dieses Werkchens.

Die wohl erhaltene Federzeichnung von gleicher Größe, auf Papier mit dem Wasserzeichen des Ochsenkopfes, Nr. 2, ist wie Dürer bei allen Entwürfen seiner Holzschnitte zu thun pflegte,*) von der Gegenseite genommen, so daß der schreibende Zuhörer die Feder in der linken, das Dintenfaß in der rechten Hand hält.

Alle Kreuzschraffirungen sind dabei auf das sorgfältigste vermieden und dürfte dieses die Vermuthung rechtfertigen, daß die Zeichnung einer früheren Periode unsers Meisters angehören wird, da derselbe späterhin, namentlich nach 1510, nicht mehr die Entfernung dieser Schwierigkeit für den Holzschnitt so sehr zu berücksichtigen pflegte.

Auf der Rückseite des Blattes liest man von Dürer's Hand in abgekürzter Schrift:

„wie ein Prister einen berichtet"

und dem entspricht die Darstellung, welche auf einem erhöhten Sitze vor einem Pulte einen Geistlichen zeigt, der aus dem vor ihm aufgeschlagenen Evangelienbuche einen Vortrag hält, dessen Erleuchtung, durch den heiligen Schein und die herbeifliegende Taube bezeichnet wird.

Drei vor ihm sitzende Ordensbrüder hören mit der gespanntesten Aufmerksamkeit zu und einer von ihnen notirt das Vernommene in ein Buch.

Auffallend ist das leere Feld in Form einer Chorstuhlswand zur Seite des Redners.

Ein ganz gleiches, nur mit der Anlage einer Ranken-Einfassung, findet sich auf einer ähnlichen Federzeichnung Dürer's in der Sammlung des Herrn Rudolph Weigel in Leipzig, und auch Prestel hat das fac-simile einer andern Zeichnung unsers Meisters mit einem genau so geformten Felde gestochen. Hier ist dasselbe aber mit einem verzierten Rande um-

---

*) Nur durch Unbekanntschaft mit einer namhaften Zahl Dürer'scher Federzeichnungen läßt es sich erklären, wenn C. Fr. von Rumohr in seiner Schrift „Zur Geschichte und Theorie der Formschneidekunst", pag. 29, sagt, daß „bekanntlich unter den zahlreichen originalen Handzeichnungen alter Zeit — keine bisher sich angefunden, welche irgend einem Holzschnitte hinlänglich entspräche."

geben und durch ein Familienwappen ausgefüllt, wonach es scheinen möchte: daß Dürer für eine bestimmte Familie eine Folge solcher geistlicher Darstellungen zu entwerfen gehabt habe.

Die Federstriche meiner Zeichnung sind in dem vorliegenden Holzschnitt mit großer Geschicklichkeit und Treue wiedergegeben, wenn gleich der Geist und das Lebendige derselben durch die Uebertragung einige Beeinträchtigung erlitten hat; doch findet man dieses auch oft bei Holzschnitten Dürer's, sobald er nicht selbst das Messer geführt hat, wenn man sie mit den Original-Entwürfen vergleicht. —

Hiermit schließe ich meine Bemerkungen über die Holzschnitte Dürer's, wie solche von Bartsch in seinem peintre graveur als Originale aufgeführt sind; da ich es nicht wage, mich auf das schwierige Feld der zweifelhaften Blätter zu begeben, welche Bartsch in dem Appendix zusammengestellt hat, deren Zahl aber durch Heller ansehnlich vermehrt ist und noch fortdauernd durch eifrige Sammler, mit und ohne Grund, vervollständigt wird.

Das Sammeln dieser Blätter ist von mir nie systematisch betrieben und ihre Beschaffenheit daher auf meinen Reisen auch nicht hinlänglich berücksichtigt, da, wenn gleich einzelne schöne Kunstleistungen sich darunter befinden, die mit unserm vortrefflichen Meister gleichzeitig und desselben vollkommen würdig sind, die Mehrzahl doch nur gering an Kunstwerth ist, und dem Dürer keineswegs angehört.

Ich muß es den Sammlern, welche zur Vervollständigung ihres Dürer-Werkes, es für erforderlich halten, die sämmtlichen von Heller aufgeführten und sonst aufgefundenen zweifelhaften Blätter zusammen zu bringen, überlassen: eine Prüfung der Papiere und ihrer Wasserzeichen bei den verschiedenen Abdrücken vorzunehmen, bei denen die, wegen der Priorität der Wasserzeichen, von mir gemachten Bemerkungen immer nützliche Anhaltspunkte gewähren können. —

Die gedruckten Werke Albrecht Dürer's.

Als Nachtrag zu meinen Bemerkungen über die Holzschnitte Dürer's glaube ich auch, die höchst interessanten gedruckten Werke desselben berücksichtigen zu müssen, da solche so sehr reich mit Holzschnitten ausgestattet sind, von denen Bartsch nur einzelne unter Nr. 146 bis 149 in seinem peintre graveur aufgenommen hat.

In Beziehung auf die zu diesen gedruckten Werken verwandten Papiere findet man die bei den alten deutschen Druckwerken im allgemeinen beobachtete Gewohnheit: verschiedene Papiersorten oft ohne regelmäßige Reihenfolge zu benutzen, in reichlichem Maße befolgt.

1. Die älteste Ausgabe eines Dürer'schen Werkes ist die im Jahre 1525 gedruckte

„Underweysung der messung, mit dem zirckel vñ richtscheyt, u. s. w.

In dieser kommen Papiere mit folgenden Wasserzeichen vor:
a) Der Henkelkrug, Nr. 33, mit Entfernung der Drathstriche von 13 Linien;
b) Die große hohe Krone, Nr. 21, jedoch in etwas abweichender Form, auch wohl mit dem Buchstaben S im Bügel, Entfernung der Drathstriche 14½ Linien;
c) Der kleine Reichsapfel mit Kreuz, Nr. 37, Entfernung der Drathstriche 12½ Linien;
d) Der Ochsenkopf mit dem Caduceus, Nr. 31, Entfernung der Drathstriche 13½ Linien;
e) Der Anker im Kreise, Nr. 30, Entfernung der Drathstriche 14½ Linien.

Die zweite Ausgabe dieses Buches, im Jahre 1538 durch Hieronymus Formschneyder gedruckt, enthält in den Papieren folgende Wasserzeichen:
a) Eine schmälere hohe Krone, oft mit einem fünfstrahligen Stern über dem Kreuz, Nr. 36, Entfernung der Drathstriche 11½ Linien;
b) Den kleinen Reichsapfel mit Kreuz, Nr. 37, Entfernung der Drathstriche 12 Linien;
c) den größeren Reichsapfel mit Stern, Nr. 24ᵃ, Entfernung der Drathstriche 12½ Linien.

2. Das im Jahr 1527 herausgegebene Werk:

„Etliche Underricht, zu befestigung der Stett, Schloß, vnd flecken«

Dasselbe hat vorherrschend Papier mit dem Wasserzeichen des stehenden Hundes, Nr. 35, und 12½ bis 13¼ Linien Entfernung der Drathstreifen, doch gemischt mit solchem, in dem sich die schmälere hohe Krone, Nr. 36, befindet, deren Drathstriche 11½ bis 12½ Linien Entfernung haben.

Bartsch hat übrigens Unrecht gehabt: das schöne Titelblatt dieses Werkes mit dem Wappen des Erzherzogs Ferdinand von Oesterreich nicht unter den einzelnen Holzschnittblättern aufzuführen. Ich möchte glauben: daß es ein eigenhändiger Schnitt unsers Meisters sei, auch hat er selbst Werth darauf gelegt, wie ein in Farben gedrucktes Exemplar desselben beweist, welches Dürer, der von seiner Hand darauf befindlichen lateinischen Inschrift zufolge, seinem auch aus dem niederländischen Tagebuche bekannten Freunde Christoph Koler verehrte.*)

3. Dürer's Hauptwerk:

„Vier Bücher von menschlicher Proportion."

An diesem hat unser Meister nach den zahlreichen noch vorhandenen Federskizzen und Studien dazu, während des größesten Theils seines Lebens gearbeitet. — Es wurde, nach der in der Königlichen Bibliothek in Dresden vorhandenen Originalhandschrift des ersten Buches, im Jahre 1523 beendigt, aber im Jahre 1528 gebessert und zum Druck hergerichtet,**) doch erlebte Dürer die Herausgabe, welche am 31. October 1528 erfolgte, nicht mehr.

Die Papiere dieser Ausgabe haben das Wasserzeichen:
a) der schmalen hohen Krone mit Kreuz, Nr. 36;
b) derselben mit Stern über dem Kreuz; beide mit Abstand der Drathstreifen von 11½ Linien;
c) des Reichsapfels mit fünfstrahligem Stern und 11½ Linien Entfernung der Drathrippen.

Die sechs Jahre später, im Jahre 1534 veranstaltete Ausgabe der lateinischen Uebersetzung dieses Werks durch Bilibald Pirckheimer hat im Papier
a) das Wasserzeichen des größeren Reichsapfels mit Kreuz, Nr. 6, Abstand der Drathstriche 11½ Linien;
b) dasjenige des Ochsenkopfes mit dem Caduceus, Nr. 31, Abstand der Drathstriche 14 Linien;
c) der schmäleren hohen Krone mit Kreuz und Stern, Nr. 36, mit 11¼ und 17½ Linien Entfernung der Drathstriche. —

---

*) Dieser Abdruck befindet sich in der Sammlung des Verfassers.

**) Vgl. Becker, A. Dürer's eigenhändige Schriften in Naumann's Archiv für die zeichnenden Künste, 1858, 1. Heft, pag. 20 u. ff.

Abschnitt III.

Die Handzeichnungen Albrecht Dürer's.

Nichts ist geeigneter, einen richtigen Begriff von der Vielseitigkeit des Talents, dem unermüdlichen Fleiße, der strengen Gewissenhaftigkeit und der hohen Meisterschaft Albrecht Dürer's zu gewähren, als seine zahlreichen Skizzen, Studien und ausgeführten Zeichnungen.

Man verdankt es ohne Zweifel der hohen Anerkennung, welche unser Meister schon bei Lebzeiten und gleich nach seinem Tode gefunden hat, daß eine so große Zahl dieser Entwürfe und Handzeichnungen, zum Theil noch in gutem Zustande, sich bis auf unsre Zeiten erhalten hat, doch sind sie sehr zerstreut; die Bearbeitung eines vollständigen mit Einsicht entworfenen und geordneten Verzeichnisses derselben, würde daher ein großes Verdienst sein und ein ganz neues Licht über Albrecht Dürer's Kunstleistungen verbreiten, da derselbe, in seinen Zeichnungen, durch technische Schwierigkeiten weniger beengt als bei den Gemälden, seinem Gefühle und seinem Genius freien Lauf lassen konnte.

Heller hat in seinem Leben Albrecht Dürer's manches Vordienstliche auch über seine Zeichnungen zusammen getragen, doch ist sein Verzeichniß weder vollständig noch mit gehöriger Kritik entworfen.

Ich selbst fühle mich zu einer solchen Arbeit nicht mehr befähigt, doch will ich in Nachfolgendem für die Freunde Dürer'scher Kunst einige Notizen über die mir bekannt gewordenen Zeichnungen geben, und bei denjenigen in öffentlichen Sammlungen befindlichen, welche mir in den letzteren Jahren zugänglich gewesen sind, auch auf das Einzelne derselben näher eingehen, zugleich aber meine Beobachtungen über die dazu verwendeten Papiere und ihrer Wasserzeichen mittheilen.

Die bedeutendsten Schätze von Dürer'schen Zeichnungen, befinden sich gegenwärtig in folgenden öffentlichen Sammlungen, als:

1) In der Sammlung des Erzherzogs Albrecht in Wien.
2) Im print-room des britischen Museums.
3) In der Kaiserlichen Handzeichnungs-Sammlung in Paris.
4) In dem Handzeichnungs-Cabinet der Ufficij in Florenz.
5) Im Königlichen Kupferstich-Cabinet in Berlin.
6) In der ehemaligen Heller'schen Sammlung auf der Stadtbibliothek zu Bamberg.

7) In der ehemaligen Klugkist'schen Sammlung in der Kunsthalle zu Bremen.
8) Auf der Königlichen Bibliothek zu Dresden.
9) Auf der Königlichen Bibliothek zu München.
10) Auf der Stadtbibliothek zu Nürnberg.

Einzelne schöne Zeichnungen sind noch:
11) In der Ambraser-Sammlung in Wien.
12) Im Städel'schen Institut zu Frankfurt a. M.
13) Im Königlichen Kupferstich-Cabinet zu München.
14) In der Königlichen Kupferstich-Sammlung zu Dresden.
15) In der Akademie alla Carità zu Venedig.
16) In der Ambrosiana zu Mailand.
17) In der Kupferstich-Sammlung auf der Festung zu Coburg.
18) In dem Herzoglichen Museo zu Braunschweig.
19) Auf der Universitäts-Bibliothek zu Erlangen.

Auch in mehreren Privat Sammlungen in Deutschland giebt es einzelne schöne echte Zeichnungen Dürer's, die wichtigsten sind in der kostbaren Handzeichnungs-Sammlung des Herrn E. Harzen in Hamburg; die größte Zahl dürfte wohl meine eigene Sammlung enthalten.

In England befinden sich ebenfalls noch manche Dürer'sche Zeichnungen im Privatbesitz, zum Theil aus der berühmten Sammlung des Sir Thomas Lawrence herstammend, aus welcher nach dessen Tode hundert Zeichnungen von Albrecht Dürer durch die Gebrüder Woodburn in London für 800 L. Sterling verkauft wurden.*)

Eine bedeutende Zahl dieser letzteren Zeichnungen war früher im Besitz des französischen Generals Grafen Andreossi, welcher gleich nach der Einnahme Wiens im Jahre 1709 einen großen Schatz, durch ihre vollkommene Erhaltung besonders ausgezeichneter Entwürfe Dürer's, an sich zu bringen gewußt hat. Andere kommen aus den älteren Englischen Sammlungen des Sir Peter Lely, W. Young Ottley, Lord Spencer, J. Richardson, P. Sanby, R. Cosway, sowie aus den bekannten Sammlungen des Chevalier Vicar und Denon.

Die Zahl der in den vorherbezeichneten öffentlichen Sammlungen enthaltenen Skizzen, Entwürfe und Zeichnungen übersteigt 1000 — und da ein großer Theil davon mit der Jahreszahl versehen ist, welche bis auf die ältesten Zeiten 1484, 1489, 1491 und 1494 hinauf reichen, so gewähren sie auch in Beziehung auf die Entwickelung unsers Künstlers die wichtigsten Anhaltspunkte.

*) S. The Lawrence Gallerie eight Exhibition, London 1836.

Ueber die öffentlichen Sammlungen bemerke ich folgendes:

ad 1. Die **Sammlung des Erzherzogs Albrecht in Wien** ist für Dürer'sche Zeichnungen unstreitig die bedeutendste, da sie eine überwiegende Zahl ganz ausgeführter Zeichnungen, sowie Skizzen und Entwürfe zu mehreren seiner Hauptwerke enthält. Dieser Schatz — großentheils von den Kaisern Maximilian und Rudolph II. herstammend, früher im Schloß Ambras aufbewahrt — kam bekanntlich durch Tausch gegen Kupferstiche in den Besitz des Gründers jener Sammlung, des Herzogs Albert von Sachsen-Teschen. Das Geschäft scheint durch den damaligen Conservator der Herzoglichen Kupferstich-Sammlung, Namens Lefevre vermittelt zu sein, wenigstens geschah durch ihn die Aussonderung des erhaltenen sehr zahlreichen Vorraths, aus welchem nur etwa 150 Blatt der Herzoglichen Sammlung einverleibt wurden, während die übrigen theils in die von Grünling'sche Sammlung in Wien, theils in andre Hände übergingen. Acht und vierzig der bedeutenderen dieser Zeichnungen sind in den von Mansfeld u. C- in Wien veranstalteten Nachbildungen von Handzeichnungen dieser Sammlung durch wohl gelungene fac-simile auch dem größeren Kreise der Kunstfreunde bekannt geworden.

Die vorzüglichsten Zierden dieser Sammlung sind:

Die älteste Zeichnung Dürer's als Kind vom Jahre 1484, sein eigenes Bildniß.

Die auf grünlich grauem Grunde mit der größten Sorgfalt ausgeführten weiß gehöheten Zeichnungen einer Passion aus den Jahren 1504 und 1505, welche von ähnlichen Darstellungen Dürer's in seinen Kupferstichen oder Holzschnitten durchgehends abweichen.

Die prachtvollen großen meist sehr vollendeten Portrait-Zeichnungen, aus den Jahren 1508, 1514, 1518 und 1521, darunter die meisterhaften Brustbilder des Kaisers Maximilian und Ulrich Varnbühlers.

Die auf grünlich grauem Grunde ausgeführten, weiß gehöheten Kreide-Zeichnungen zu den großen Aposteln vom Jahre 1523.

Die wundervollen leicht colorirten Feder-Zeichnungen zu dem in Holzschnitt ausgeführten Triumphwagen des Kaisers Maximilian vom Jahre 1518.

Ausserdem sind von großem Interesse: schöne Gewand- und Hände-Studien, sowie die leichten Federskizzen zu bekannten Holzschnitten und Gemälden auch einige Farbenzeichnungen von der bewundernswürdigsten Feinheit und Pracht. Die sämmtlichen Zeichnungen dieser Sammlung sind fest auf Cartons geklebt, und die Wasserzeichen ihrer Papiere daher nicht wahrzunehmen.

ad 2. Ueber die in Deutschland früher unbekannte sehr reiche Sammlung von Zeichnungen Dürer's im **print-room** des **British-Museums** habe ich zwar bereits ein Verzeichniß in dem Archiv für die zeichnenden Künste von Naumann, 4. Jahrgang, 1. Heft, veröffentlicht, doch ist der betreffende Aufsatz durch zahlreiche Druckfehler selbst im Sinne entstellt, auch wohl nicht jedem Liebhaber zugänglich gewesen, weshalb ich dieses Verzeichniß hier noch einmal folgen lasse.

1. Die Zeichnung zu dem Holzschnitt B. 136 des Rhinoceros.*) Sie ist mit höchster Feinheit und Sicherheit ausgeführt von der entgegengesetzten Seite des Holzschnitts, mit einer 3¾ zeiligen Unterschrift von Dürer's Hand. Darüber steht in römischen nur angerissenen Buchstaben
RHINOCERON.
1515.

2. Ein aufblickender bärtiger Mannskopf, Kreidezeichnung, weiß gehöhet, mit der Jahrszahl 1508.**)

3. bis 5. Die leicht colorirten Federzeichnungen auf schwarzem Grunde zu dem Holzschnitt der Säule, B. 129,***) drei Blatt, zu dem oberen, unteren und einem der mittleren Theile, höchst geistreich behandelt.

4. Farben-Studio zu dem hohen Hause, welches Dürer in der Landschaft des Kupferstiches der Jungfrau mit dem Affen, B. 42, angebracht hat. Es scheint der Behandlung nach eine Naturstudie von seiner italienischen Reise in den Jahren 1506 — 1507. Unten mit seiner Hand bezeichnet „weiß Hauss".

5. Ausserordentlich feine Stiftzeichnung von grünlicher Farbe, einen liegenden Hund mit Halsband darstellend. Sie ist mit dem Monogramm versehen aber ohne Jahrszahl, nach der Beischrift von Dürer's Hand „zw Ach gemacht"
aber vom Jahr 1520.†)
Auf der Rückseite zwei weibliche Figuren in verschiedenen Anzügen gezeichnet.

6. Ein bunt gefiederter Vogel, vortrefflich in Wasserfarben gemalt.

7. Lebensgroßer Kopf eines Alten, im Profil gesehen, mit einem sehr langen gelockten Bart und einem Barett auf dem Haupte. Feine Kreidezeichnung auf braun grundirtem Papier mit der Jahrszahl 1518.

8. Portraitkopf eines Mannes in mittleren Jahren, mit Hals und wenig Brust, etwas zur Linken gewendet, mit einem Feder-Barett. Herrliche Kreidezeichnung vom Jahre 1516.

9. Vortreffliches lebensgroßes Bildniß eines jungen Mannes mit großem Hut, zur Rechten gewendet. Mit der Jahrszahl 1521. Das Haar ist gelockt, die Kleidung reich mit Pelzwerk gefuttert. Kreidezeichnung.

10. Der Entwurf eines jüngsten Gerichts, reiche, oben gerundete Federzeichnung, vom Jahre 1513.

---

*) S. Heller, Leben u. s. w. von Albrecht Dürer, 2. Theil, pag. 48.
**) S. Passavant's Kunstreise durch England, pag. 232.
***) S. Dr. Nagler's Monogrammisten, 3. Heft, pag. 103.
†) S. Campe's Reliquien.

11. Angetuschte Federzeichnung, der Behandlung nach für einen Holzschnitt. Sie stellt drei Mönche dar, von denen der eine bemüht ist, den andern aus einem Wasser zu ziehen, während der dritte, mit einem Heiligenschein versehen, aus einem Fenster zuschaut.

12. Eine der frühesten Arbeiten Dürer's, eine leichte Kreidezeichnung auf weiß Papier, welche eine weibliche Figur vorstellt, mit einem Vogel auf der linken Hand. Zur Seite steht geschrieben:

„Das ist sch alt hat mir Albrecht Dürer gemacht E er zum Moler kam in des Wolgemuths Hus uff dem Oberen Boden in dem hindern Hus in bewesten Kunrat Lomazens Piligen" (Pfleghaus, Gasthaus?).

13. Ein Engelskopf.

14. Zwei Engelsköpfe, von denen der eine sich durch besondere Feinheit auszeichnet.

15 bis 17. Verschiedene mit der Feder gezeichnete Köpfe.

18. Ein kleiner, besonders sorgfältig ausgeführter weiblicher Kopf, weiß gehöht, nach Prof. Dr. Waagen's Ansicht zu dem Gemälde Dürer's, die Lucretia in der Pinacothek zu München, Nr. 93.

19 bis 21. Verschiedene kleine Entwürfe mit der Feder, zwei davon haben die Jahrzahl 1520.

22 bis 24. Kleine mit der Feder skizzirte Portraits, bei dem einen steht neben der Jahrszahl 1503 „Dr. Michael Roten sen:"

25 und 26. Colorirte Studien, zu Köpfen und Händen eines Gemäldes der ehemaligen Boisserée'schen Sammlung.

27. Kopf, Kreidezeichnung vom Jahre 1508.

28. Männlicher Kopf mit einer Mütze, besonders frei gezeichnet in der Art des M. Wohlgemuth.

29. Ein aufblickender, dornengekrönter Christuskopf von sehr leidensvollem Ausdrucke, mit der Jahrszahl 1503. Dabei steht:

„während Krankheit gez:"

30. Ein Kopf in Kohlen und Kreide vom Jahre 1503.

31. Federzeichnung eines alten Kopfes im Profil, bezeichnet 1515.

32. Jugendlicher Kopf mit Mütze, halb zur Seite gewandt. Kreidezeichnung mit der Bemerkung „alt 16 Jahr".

33. Ein leicht colorirter Frauenkopf mit der Jahrszahl 1510.

34. Ein sehr sorgfältig in Rothstift ausgeführter Frauenkopf.

35. Kindskopf vom Jahre 1519 auf roth Papier mit Kreide gezeichnet und weiß gehöht.

36. Eine alte Frau auf roth Papier und weiß gehöht.

37. Ein reizender weiß gehöheter Kindskopf auf grün grundirtem Papier.

38. Ein aufblickender Mannskopf.

39. Eine liebliche Federzeichnung vom Jahre 1514, zwei Kinderköpfe darstellend.

40. Ein in die Höhe sehender Kindskopf auf grau grundirtem Papier, mit Kreide sorgfältig ausgezeichnet und weiß gehöhet vom Jahre 1521, in der Behandlung völlig übereinstimmend mit dem „weinenden Kindlein" von demselben Jahre, aus der ehemaligen Imhoff'schen Sammlung,*) gegenwärtig im Besitze des Verfassers.

41. Herunterblickender Frauenkopf, auf gelblich blauem Grunde, weiß gehöhet.

42. Lachender alter Kopf, auf dunkelgrünem Papier, weiß gehöhet, mit der Jahrszahl 152—, die vierte Zahl ist nicht mehr erkennbar.

43. Ein sehr ausgeführter weiß gehöheter Frauenkopf, bezeichnet 1520.

44. Lebensgroßes Frauen-Portrait in Kreide, auf braunem Grunde. Der Kopf ist mit einem Tuche bedeckt, fast wie ein Nonnenschleier, mit der Jahrszahl 1521.

45. Kleineres männliches Portrait mit einem Barett, Oelskizze auf Papier, von sehr warmer Färbung, fast in der Art des Titian.

46. Ein prächtiges lebensgroßes Portrait eines Mannes, von vorn gesehen und mit einer Mütze bedeckt. Kreidezeichnung auf gelblichem Papier.

47. Schöner Mannskopf mit Barett, vom Jahre 1521.

48. Ein Frauenskopf mit Mütze, auf grau grundirtem Papier mit Kreide gezeichnet und weiß gehöhet, mit der Jahrszahl 1522.

49. Portrait der Formschneiderin Fronica vom Jahre 1525. Sie ist mit einer platten Mütze dargestellt, mit wenigen großartigen Meisterstrichen in Kreide gezeichnet, auf schwarzem Grunde. Die Inschrift lautet „Fronica Formschneiderin".**)

50. Ein sehr sorgfältig gezeichnetes großes männliches Bildniß, den Kopf im Profil gesehen, mit der Jahrszahl 1527. Das Gewand ist mit Pelz verbrämt.

51. Herrlicher, nach links gewandter Mannskopf mit spitzer Nase und aufgeschlagener Mütze. Kreidezeichnung auf schwarz schraffirtem Grunde.

52. Kreidezeichnung eines alten Frauenkopfes, im Profil gesehen.

53. Mannskopf von mittlerer Größe mit Mütze, in Rothstift sehr schön gezeichnet, besonders der Bart, mit der Jahrszahl 1523.

54. Federskizze eines Ritters in einer mit Stacheln versehenen Rüstung. Auf der Rückseite zwei fechtende Ritter.

55 und 56. Sorgfältig gezeichnete wunderbar verschlungene eckige mathematische Figuren, vom Jahre 1506. Sie erinnern an die „sechs Knoten", B. 140—145.

57. Christus als Knabe im Tempel lehrend, ein leichter Feder-Entwurf.

58 und 59. Leichte Feder-Entwürfe zu Wappen.

*) Heller, pag. 82, Nr. 46.
**) John Jackson sucht in seinem „Treatise of wood engraving," London 1839, pag. 266, durch dieses Portrait zu beweisen, wie verbreitet damals die Kunst des Holzschneidens gewesen.

60. Entwurf einer Fassung echter Steine, ohne Zweifel für einen Goldschmied.

61. Eine Federzeichnung in runder Form, welche drei weibliche Figuren in Umrissen darstellt, in deren Mitte auf einem Altar sich ein Herz befindet, welches zerschlagen werden soll. Eine andere weibliche Figur liegt zu den Füßen derselben.

62. Zwei Entwürfe des Wappens Albrecht Dürer's mit lateinischen Inschriften, bestimmt zu der Rückseite eines Portraits von Dürer.

63. Anderer leichter Entwurf zu dem Wappen Albrecht Dürer's.

64. Ein unbekanntes colorirtes Wappen.

65. Federzeichnung eines Wappens, welches mit der Kette des goldenen Vließes umgeben ist.

66. Ein grau und schwarz getuschtes Wappen.

67. Der buntfarbige Flügel eines Vogels, mit wundervoller Feinheit auf schwarzem Grunde gemalt.

68. Sehr reiche Composition, der Form nach für eine Degenscheide bestimmt. In der Mitte tragen zwei Kinder eine Vase, das Ganze ist mit der Feder höchst geschmackvoll und elegant verziert.

69. Federzeichnung für einen Ring.

70. Zwei mit der Feder gezeichnete Genien, welche ein reiches Gewinde von Zweigen und Früchten halten.

71. Gehänge von Laubwerk und Früchten. — Ein Phönix mit Verzierungen.

72. Entwurf eines Kelches mit Deckel, auf welchem oben ein Storch befindlich, Federzeichnung.

73. Mit der Feder gezeichneter Entwurf eines geschweiften Kelches.

74. Zwei Längen-Durchschnitte eines Kelches, gelb colorirte Federzeichnung, vom Jahre 1514.

75. Federzeichnung eines ovalen Kelches, gelb colorirt, mit der Jahrzahl 1526.

76. Zwei phantastisch verzierte Säulen, sehr schöne colorirte Federzeichnung vom Jahre 1515, daneben steht von Dürer's Hand
„das sind Schtörch".

77. Vortreffliche große Federzeichnung eines sehr reichen Bechers mit einem Deckelaufsatz in gothischer Architektur, colorirt. An dem Fuße sind Jäger mit Hunden, Krieger, Bauern die mit der Erndte beschäftigt sind, und Hirten mit Vieh dargestellt.

78. Ein Vogel mit langem Schnabel, Zeichnung in Wasserfarben, oben darüber ein verziertes Band mit der Inschrift „GI. GI. GIG."

79. Erster leichter Federentwurf zu dem Holzschnitt: der Darstellung im Tempel aus „unser Frauen Leben", B. 81.

80. Entwurf einer ähnlichen Darstellung. Federzeichnung von großer Feinheit, welche zum Theil auf das allersorgfältigste ausgeführt ist.

Darunter steht:
„Albrecht Durer hatt dies stück gemacht In wenr ledige werd Jar."

81. Ein stehender Ritter mit einer Federmütze, eine Hellebarde in der Hand. Federzeichnung vom Jahre 1510.

82. Darstellung des Jupiter in einem Oval, oben der Adler, unten erschlagene Krieger und ein Kind. Federzeichnung. Darunter steht:

| A | JVPITER XXXXVI | 46 |

83 bis 90. Entwürfe zu venetianischen Tarockkarten, vielleicht von Dürer in Venedig gezeichnet.

91. Entwurf zu dem Holzschnitt des sich geisselnden Heiligen, B. 119. Federzeichnung.

92. Federzeichnung eines dreibeinigen Gestells, wohl für eine Kanne bestimmt.

93. Sechs feine runde Federzeichnungen mit allegorischen Figuren.

94. Eine sehr schöne Federzeichnung, welche Maria und Johannes darstellt.

95. Zwei weibliche Figuren; die eine bekleidete hat ein Messer in der Hand, die andre nackte trägt eine Wage. Federzeichnung.

96. Erster Entwurf mit der Feder zu dem Kupferstich die »Nemesis«, B. 77. Der eine der Flügel ist besonders gezeichnet und mit der äussersten Feinheit und Sorgfalt ausgeführt.

97. Federzeichnung einer fortschreitenden weiblichen Figur.

98. Christus am Kreuz, Federzeichnung vom Jahre 1511.

99. Ein verschanztes Lager mit sehr vielen Figuren, in der Ferne eine Landschaft, — reiche Federzeichnung.

100 bis 103. Entwürfe mit der Feder zu einem Altarbilde. Das Mittelbild stellt die Krönung der Jungfrau dar, die Predella den Tod derselben. Auf dem linken Flügel ist St. Georg und ein Heiliger mit einem Reh, auf dem rechten ein heiliger Bischof mit einer Kirche und ein Heiliger mit dem Kelche.

104 und 105. Darstellung zweier wilder Indianer von brauner Farbe, der eine auf schwarzem, der andere auf weißem Grunde.

106. Eine weibliche Figur, darunter ein Thor mit der Durchsicht in eine Landschaft. Federzeichnung.

107. Drei musicirende Figuren. Federzeichnung.

108. Eine weibliche Figur, welche sich vor einem Spiegel putzt. Das Gerippe des Todes steht hinter ihr. Mit der Feder gezeichnet.

109. Das Innere eines Zimmers mit einem Camin. Federzeichnung mit der Jahrzahl 1509.

110 bis 113. Vier leichte Federzeichnungen mit kleinen allegorischen nicht wohl zu deutenden Figuren, anscheinend Muster für Goldschmiede.

114. Die Jungfrau mit dem Kinde an einem Zaune sitzend; ein leichter sehr schöner Entwurf, ähnlich dem Kupferstich der Jungfrau mit der Birne, B. 41.

115. Christus im Oelgarten, eine sehr schöne leichte Federzeichnung.

116. Christus erscheint seiner Mutter; zu beiden Seiten die knieenden Portraite eines Ehepaars, letztere nur angelegt. Federzeichnung.

117 bis 121. Fünf reizende Entwürfe zu Goldschmieds-Arbeiten; bei einer knieenden weiblichen Gestalt sind zwei verschiedene Kopfverzierungen angebracht, und dabei steht von Dürer's Hand geschrieben:
„Do mach welchen Kopfli Du wilt."

122 bis 126. Fünf leichte Federzeichnungen:
Eine sitzende Ente.
Eine Kreuztragung Christi.
Die Marter der heiligen Catharina.
Die Anbetung der Könige.
Die Kreuztragung. (Die vier letzten Compositionen sind in der Form schmaler Friese.)

127. Schöne Federzeichnung eines heiligen Georg, hier älter als gewöhnlich dargestellt.

128 und 129. Zwei schöne sehr sorgfältige Federzeichnungen auf Pergament; nach dem darauf befindlichen Wappen für einen englischen Edelmann bestimmt. Die eine stellt Christus, das Kreuz tragend, vor, mit der Unterschrift:
„Qui non tollit crucem suam et sequitur me non est me dignus."
Die andere einen betenden Mann, welcher ein Kreuz trägt, mit der Unterschrift:
„Nam si ambula vero in medio umbre mortis non time bomala quoniā tu mecū est."

130. Ein sehr schönes A als Initiale in Farben.

131. Zwei Genien auf einem Stabe fliegend, welche einen griechischen Büchertitel tragen. Röthlich angetuscht.

132. Zwei Säulen-Capitäle mit Kronen. Federzeichnung.

133. Die rechte Seite eines Adlers. Federzeichnung.

134. Der obere Theil eines Raubvogels.

135. Liegende Kühe und Schaafe, erster Entwurf zu dem Holzschnitt Nr. 16 in dem dritten Buche von Dürer's „Underweysung der messung mit dem zirckel u. s. w." Nürnberg 1525, Blatt Jij. Federzeichnung.

136. Zwei Hasen und ein Hirschkopf.

137. Colorirte Zeichnung eines Schnabelfisches, der Kopf desselben noch besonders gezeichnet.

138. bis 141. Verschiedene Baum- und Landschafts-Studien, mit der Feder gezeichnet, unter denen der mit unglaublicher Sorgfalt behandelte Stamm eines Tannenbaums mit Aesten.

142. Studie einer bräunlichen Felsmasse von Kalkstein, bezeichnet mit dem Jahre 1506, und ohne Zweifel eine Naturstudie von der italienischen Reise.

143. Landschafts-Studio in Wasserfarben, der Kopf einer Tanne ist besonders dargestellt.

144. Farbenstudien von Pflanzen und Wurzeln.
145. Kreidezeichnung eines knieenden Christuskindes mit den Leidens-Instrumenten.
146. Ein lesender Heiliger, in der linken Hand eine Palme haltend, auf grau Papier, weiß gehöht, vom Jahre 1520.
147. Ein Jüngling mit einem Lockenkopf unter einem Baume, welcher die Viola spielt, sehr schöne Farbenzeichnung mit der Jahrszahl 1507, die Umrisse mit der Feder.
148. Ein knieender Heiliger, hinter ihm der Henker.
149. Erster Entwurf zu dem Kupferstich des verlorenen Sohnes, B. 28. Sehr schöne Federzeichnung; die Figur des verlorenen Sohnes und ein Theil der Schweine sind ausgeführt, das Uebrige — namentlich die Gebäude — ist nur angelegt.
150. Nürnberger Matrone in ganzer Figur, dieselbe, welche auf dem Holzschnitt der Vermählung in „unser Frauen Leben", B. 82, vorkommt.
151. Colorirte Zeichnung, welche eine weibliche Figur mit brennender Fackel darstellt, zu welcher ein von Bienen verfolgter Amor läuft. Neben diesem sieht man drei Bienenkörbe, von denen der eine umgestürzt ist. Zur Seite steht „Pluto" und

„Der Bienen stich bringt großen Schmerz
So auch die Lieb verwundt manches Hertz
Mit Freud an Lust mit Angst und Qual
Lieb ist voll Honig und bitter gall."

152. Die allegorische Figur des Mammons mit dem Merkurstabe, welcher die verschiedenen Stände an Ketten nach sich zieht, einen Kaufmann, einen Gelehrten, einen Krieger, ein Frauenzimmer. Colorirte Zeichnung.
153. Eine Federzeichnung auf braunem Grunde, den oberen Theil eines Portals mit acht reizenden Knaben darstellend, mit dem Wappen des Cardinals Longius von Augsburg, Bischof von Gurk, zur Zeit Julius II.
154. Studie in Kreide von zwei Unterarmen und Händen, vom Jahre 1518.
155. Vortreffliche Federstudie von Armen und Händen zu einer Eva, welche den Apfel faßt, und einem Adam. — Daneben Felsenstudien.
156. Drei Entwürfe mit der Feder auf schwarzem Hintergrunde, in jedem eine Eva mit dem Apfel in einer anderen Stellung darstellend. Zwei davon sind mit der Jahrzahl 1506, einer ist 1507 bezeichnet.
157. Entwurf eines Apollo, in der Hand eine Sonne, in welcher der rückwärts geschriebene Name Apollo steht.
158. Umriß einer weiblichen Figur, mit einem eingetheilten Zirkel, vom Jahre 1500. Der Grund ist grün schraffirt und auf der Rückseite befindet sich dieselbe Figur mit Eintheilungen. Auf einem Blatt in klein Folio daneben steht eine Erklärung in 44 Zeilen von Dürer's Hand. — Es ist dies wohl einer der ersten Versuche zu dem von Dürer mit so

unglaublicher Ausdauer und Sorgfalt während seines ganzen Lebens vorbereiteten Werke „Vier Bücher von menschlicher Proportion, 1528.*)

159. Umriß einer fortschreitenden männlichen Gestalt, von der Seite gesehen, mit der Jahrszahl 1526, anscheinend Studie zu demselben Werke, denn auf der Rückseite ist dieselbe Figur mit mathematischen Eintheilungen.

160. Umriß derselben Figur, von vorn gesehen, ebenfalls mit Eintheilungen auf der Rückseite, vom Jahre 1526.

161. Zeichnung vom Jahre 1523, oben rund. Sie stellt Gott Vater, von Engeln umgeben dar, unten sind Engel, welche Teufelsgestalten niederstürzen, rechts zur Seite wird einem knieenden Manne — augenscheinlich Portrait — von einem Engel zugesprochen.

162 und 163. Colorirte Federzeichnungen zu einem Schuh in natürlicher Größe, nebst dabei geschriebenen Erläuterungen.

164. Federzeichnung des St. Antonius des Einsiedlers mit Kreuz und Glocke, welcher in einem Buche liest.

165. Colorirte Zeichnung zweier fliegender Engel, welche eine Krone tragen.

166. Ein Kameel, auf beiden Seiten des Blattes mit der Feder gezeichnet, aus der Sammlung des Sir Peter Lely.

167. Eine Maria mit dem Kinde auf einer Rasenbank sitzend, in einem reichen weit ausgebreiteten Gewande; reizende, sehr leichte Federzeichnung, mit der Jahrszahl 1503.

ad 5. In dem königlichen Kupferstich-Cabinet zu Berlin, besteht der Hauptschatz Dürer'scher Zeichnungen in 57 Portraitskizzen aus der früheren Sammlung des Herrn von Derschau in Nürnberg, welche zu der etwa gleichen Zahl gehören, die Heller aus derselben Sammlung erwarb und in seinem Leben und Werken Albrecht Dürer's, pag. 21 bis 34, näher anführt und beschreibt. —

Sämmtlich sind sie mit Kohle und Kreide meist sehr leicht gezeichnet und die dargestellten Personen nach links gewendet, bis auf eine einzige Ausnahme**), ganz im Profil dargestellt.

Gleich den Heller'schen — gegenwärtig in der Stadtbibliothek zu Bamberg aufbewahrten — sind die Zeichnungen silhouettenartig ausgeschnitten und auf starkes weißes Papier geklebt, so daß die Wasserzeichen selten wahrgenommen werden können.

Nach den alten Unterschriften und der Einordnung des Königlichen Kupferstich-Cabinets sind die Dargestellten:

Fürstliche Personen, 10, als:
„Markgraff Jochain Churfürst"
„Markgraff Jochain, Sohn"

---
*) S. w. u. die Dürer'schen Federstudien auf der Königlichen Bibliothek zu Dresden.
**) Der zuletzt verzeichnete „Maister Hans Volts Parblerer."

„Frau Margareth,"
„Bischoff zu Brandenburg,"
„Albrecht Bischoff und Churfürst zu Maintz,"
„Der von Anhaldt,"
„Geörg Graf zu Wirtenberg,"
„Friedrich von Bayern, Pfalzgraff etc."
Zwei ohne Namensbezeichnung.

Vornehme vom Adel, 5, als:

„Ulrich von Hutten,"
„Bonaventura Fortenbach,"
„Graf Bertolt von Henneberg,"
„N. von Emershofer, Teutscher Herr,"
„Sigmundt von Dietrichstein."

Geistliche, 9, als:

„Bischoff zu Trient,"
„Mathias Archiepiscol: Saltzburg,"
„Johannes Administrator Episcop: Ratisp,"
„Bischofl zu Speyer,"
„Abbas fontis Salicitis,"
„Udalricus Abbas S. Pauli, Vallis Lauentenensis,"
„Abbas Scti Egidij Nürmberge,"
„Prediger bei St. Egidien,"
„Melchior Pfintzing Abt zu St. Sebald und St. Victor."

Patrisier, Nürnberger, 15, als:

„Bernhardt Hürßvogel,"
„Felix Hemsin im Hof,"
„Geörg Folkheimer,"
„Katharina Folkhainserinn,"
„Ulrich Starkh,"
„Enders im Hof,"
„Geörg Schlauderspach,"
„Sebaldt Pfinzing,"
„Barbara Schedlin,"
„Anna Maria Pfinzinginn,"
„Martin Pfinzing,"
„Thomasin Florianus,"
„Lorentz Staiber,"
„Friedrich Behaim,"
„Herr Heinrich Stainheurl."

Verschiedene, 18, als:

„Portugaleo,"
„Vintzentz Pumbelt,"
„Maister Lucas,"
„Hanns Tummer,"
„Hang Huebner,"
„Hoffräulein bey der E. Herzoginn Margareth,"
„Jacob Ponisio,"
„Braun Engel,"
„Maister Conrad Schnitzer,"
„Heinrich Schlicke,"
„Maister Mathes Parbierer,"
„Thomas Polonius,"
„Hoffräulein bey der E. H. Margareth,"
„Maister Hans Voltz Parbierer,"
Vier ohne Namensunterschrift.

Ausser diesen Portraitskizzen, die ohne Zweifel von den Skizzenbüchern herrühren, welche Dürer mehrfach in dem Tagebuche seiner niederländischen Reise erwähnt, von denen aber nur etwa ein Dutzend dieser Reise angehören, besitzt das Cabinet drei ausgeführtere Portraitzeichnungen in Kreide.

1. Ein besonders schönes kräftig gezeichnetes männliches Brustbild, 13 Zoll 6 Linien hoch, 9 Zoll 6 Linien breit, mit dem Monogramm und der Jahrszahl 1520 bezeichnet.

Das etwas zur Linken dem Beschauer zugewendete Gesicht ist zu beiden Seiten durch volles Lockenhaar gehoben, welches ein barettartiger Hut bedeckt.

2. Ein nach rechts gewendeter Frauenskopf mit Dürers Monogramm, hoch 11 Zoll, breit 8½ Zoll, kräftig schattirt.

3. Weibliches Brustbild mit halb geschlossenen Augen, etwas nach rechts gewendet und leicht colorirt, mit der Jahrszahl 1505 und dem Monogramm bezeichnet. Hoch 10 Zoll, breit 7¼ Zoll. Der Kopf ist mit einem Schleier bedeckt.

Die Zahl der übrigen dem Albrecht Dürer zugeschriebenen Zeichnungen beläuft sich auf 62 Blatt, doch ist manches darunter was zweifelhaft sein, mehreres, welches unserm Meister entschieden nicht angehören dürfte.

Ausgezeichnet schön ist ein Studienblatt ohne Monogramm und Jahrszahl, hoch 14 Zoll 6 Linien, breit 10 Zoll 7 Linien, auf welchem ausser zwei Muscheln, zwei Flügel eines Vogels und mehrere einzelne Federn mit der höchsten Farbenpracht und der bewundernswürdigsten Feinheit des Pinsels in Wasserfarben ausgeführt sind. Sie gehören zu dem Schönsten welches Dürer in dieser Art gearbeitet hat.

Nicht minder schön und vollendet ist der Flügel eines Vogels, ebenfalls in Wasserfarben, aus der berühmten Crozat Mariette'schen Sammlung,

Hoch 6 Zoll 7 Linien. Breit 4 Zoll 8 Linien mit dem Monogramm und der Jahrszahl 1500 bezeichnet.

Die Federn sind schwarz mit weißen Spitzen und einigen grünen gemischt. Von den zahlreichen Darstellungen von mancherlei Thieren und Insekten, letztere in natürlicher Größe, die Thiere meist in kleinem Format und colorirt, sind 20 Blatt wohl entschieden ächt.

Unter den übrigen colorirten Zeichnungen verdienen besonderer Beachtung:

Die Darstellung eines Bades in einem von hohen Felsen umgebenen Wasser-Bassin mit zwei Frauen und vier Männern, von denen der eine die Geige spielt. Die Zeichnung ist hoch 11 Zoll 2 Linien, breit 11 Zoll 6 Linien, und scheint nach einer zweizeiligen Unterschrift von Dürer's Hand, welche sich auf die Ausführung bezieht, als Modell für eine Goldschmieds-Arbeit, entworfen zu sein.

Ein runder auf zwei Vogelbeinen stehender Kessel auf dessen Deckel ein Löwe ruhet, mit dem Monogramm und der Jahrszahl 1513 bezeichnet, darüber ist eine Bandrolle mit der Inschrift FORTES FORTUNA JUVAT. Hoch 10 Zoll, breit 8 Zoll.

Ausgeführte Federzeichnungen und Entwürfe zu bekannten Kupferstichen oder Holzschnitten Dürer's fehlen der Sammlung, doch stellt eine artige Federzeichnung einen auf dem linken Knie ruhenden Kriegsmann dar, der in der linken Hand einen Hahn, mit der rechten einen Becher empor hält. Sie ist hoch 9 Zoll 4 Linien, breit 6 Zoll 7 Linien und hat das Monogramm mit der Jahrszahl 1501.

Eine leichte Federzeichnung mit dem Monogramm und der Jahrszahl 1510 hoch 8 Zoll 9 Linien, breit 6 Zoll 2 Linien zeigt den heiligen Augustinus stehend.

Ausgezeichnet ist ein mit dem Monogramm versehener leichter Federentwurf, hoch 7 Zoll 10 Linien, breit 12 Zoll, welcher fast nur in Umrissen den von verschiedenen Nationen und Ständen getragenen Erlöser darstellt.

Christus sitzt, als Mann der Schmerzen, umgeben von Maria und Johannes, auf dem Rande eines viereckten Brunnen-Beckens, unter einem geschweiften und verzierten Thronhimmel. An drei Seiten des Beckens sieht man Delphine, auf welchen musicirende Engel sitzen. Es wird durch zwei lange Tragstäbe auf den Schultern von 15 Männern getragen, von denen 7 vorn und 8 hinten gehen und welche verschiedene Nationen und Stände, jedoch mit Ausnahme des Wehrstandes, darstellen.

Ein fast lebensgroßer liegender Hase, von vorn gesehen, in Wasserfarben auf Pergament, hoch 13 Zoll, breit 9 Zoll 6 Linien, hat neben dem Monogramm die Jahrszahl 1528.

Ein nach rechts gewendeter Christuskopf mit der Dornenkrone, in einer Rankeneinfassung wie man solchen wiederholt von unserm Meister antrifft, ist hier auf grünem Grunde mit Gold gehöhet, und auf einem Tafelchen neben dem Monogramm mit 1510 bezeichnet.

Ein Blatt von präparirtem Papier aus einem der Skizzenbücher Dürer's, hoch 7 Zoll 6 Linien, breit 5 Zoll 6 Linien, ist auf beiden Seiten mit je zwei sehr fein mit einem Metallstift gezeichneten Landschafts-Studien bedeckt, die eine davon ist leicht colorirt. Darüber stehen auf einer Seite undeutliche Inschriften und die Jahrszahl 1514. Auf der andern Seite lies't man von Dürer's Hand „Kaltemstall bei stuckart 1515", wonach anzunehmen sein dürfte: daß Dürer die in diesem Jahre angetretene Reise nach Augsburg auch weiter ausgedehnt habe.

ad 6. Die Sammlung Dürer'scher Zeichnungen des verdienstvollen **Joseph Keller** ist dessen letztwilliger Verfügung zufolge, welche seinen ganzen Kunstnachlass der Stadt **Bamberg** überwies, gegenwärtig der dortigen Stadt-Bibliothek einverleibt und wöchentlich zweimal, Mittwochs und Sonnabends, Jedermann zugänglich. Der frühere Besitzer hat dieselbe in 2. Band seines Lebens u. s. w. Albrecht Dürer's pag. 19 bis 34 beschrieben.

Von besonderem Interesse ist darin die bedeutende Zahl der ausgeschnittenen Portrait-Skizzen, in Kohlen und Kreide, aus Dürer's Skizzen-Büchern, welche vorher im Besitz des Herrn von Derschau in Nürnberg waren, und von denen mehr als 30 nach dem Tagebuche unsers Meisters, auf dessen Niederländischer Reise gezeichnet sind. Sonst ist mehreres Zweifelhafte unter den Blättern, von großer Schönheit indeß der auf Pergament in den glänzendsten Farben ausgeführte Flügel eines Vogels.

ad 7. Die von dem verstorbenen Senator Dr. **Klugklst** in **Bremen** mit dem regsten Kunsteifer und unter besonders glücklichen Umständen zusammengebrachte reiche Sammlung der Werke Albrecht Dürer's hat derselbe seiner Vaterstadt vermacht, wo sie in der dortigen Kunsthalle verwahrt wird. Sie enthält an Dürer'schen Zeichnungen 33 Stück, welche früher der von Grünling'schen Sammlung in Wien angehörten und von Heller pag. 120 und folgende unter den Nummern 1, 2, 4, 6, 8, 10, 11, 12, 14, 16, 17, 18, 19, 20, 22, 23, 25, 27, 28, 31, 32, 35, 36, 39, 40, 41, 43, 44, 45, 46, 48, 49 und 50 beschrieben sind.

Nicht alle haben gleichen Werth, einige sind zweifelhaft, dagegen befinden sich auch darunter verschiedene ganz vortreffliche Blätter, sehr interessante Studien von Gewändern und Händen, sowie Landschafts-Skizzen nach der Natur von Dürer's Reisen und die merkwürdige von Heller unter Nr. 28 aufgeführte Zeichnung, welche mit der Jahrszahl 1489 und noch nicht mit dem Monogramm, sondern den bei einander stehenden Buchstaben AD bezeichnet, einen höchst interessanten Blick in die frühesten Kunstleistungen unsers Künstlers thun läßt.

Ausser diesen Zeichnungen der von Grünling'schen Sammlung befinden sich noch folgende sehr beachtungswerthe Arbeiten Dürer's in dieser Sammlung, als:

1. Brustbild des Cardinal-Churfürsten Albert von Mainz, Federzeichnung vom Jahre 1518, hoch 5 Zoll, breit 3 Zoll 9 Linien. Es ist die Zeichnung, welche zu dem Kupferstiche B. Nr. 102 gedient hat, und die Schrift ist, um bequemer danach zu arbeiten, verkehrt geschrieben.

2. In einer Landschaft hält rechts ein Kaiser zu Pferde mit Gefolge, vor ihm kniet ein Mann, anscheinend ein Verbrecher, welcher nach der links auf einer Anhöhe sichtbaren Richtstätte geführt werden soll. Hinter ihm ist ein Soldat mit anderen nachfolgenden. Sehr reiche Federzeichnung, hoch 9 Zoll 6 Linien, breit 8 Zoll.

3. Männliche Figur auf beiden Seiten des Blattes gezeichnet zu dem Werke „der menschlichen Proportionen" mit Zahlen und Bezeichnungen, auch der Jahrszahl 1513 versehen, feine Federzeichnung, hoch 10 Zoll 4 Linien, breit 8 Zoll 9 Linien.

4. Eine leicht colorirte Zeichnung, welche einen Bauer und eine Bäuerin neben einander stehend darstellt. — Sie umfaßt ihn lachend von hinten und fühlt mit ihrer linken Hand in des Mannes Munde nach dessen Zähnen. Mit 1515 bezeichnet, hoch 11 Zoll, breit 6 Zoll 4 Linien.

5. Federskizze zu dem Holzschnitt der Tod der Maria in „unser Frauen Leben", B. Nr. 93, hoch 11 Zoll, breit 8 Zoll, aus der Sammlung Esdale.

6. Federzeichnung, welche die heilige Catharina sitzend darstellt, neben ihr das Rad und die Jahrszahl 1526. Hoch 9 Zoll, breit 7 Zoll 3 Linien.

7. Ein Dampfbad voll Frauen und Kinder, unter welchen sich eine sehr dicke alte sitzende Frau sowohl durch ihre Häßlichkeit als einen wunderbaren runden Aufsatz des Kopfes auszeichnet. Diese merkwürdige Federzeichnung, welche die Jahrszahl 1496 und noch die Buchstaben AD neben einander stehen hat, ist auffallend in ihren Beziehungen zu dem Holzschnitte des Bades, B. Nr. 128, und bestätigt meine Ansicht, daß dieser Holzschnitt zu den früheren unsers Meisters gezählt werden muß. Die Zeichnung ist mit besonders schwarzer Dinte gearbeitet und nicht ganz so fein, wie Dürer's spätere Federzeichnungen, jedoch keineswegs roh. Sie mißt in der Höhe 8 Zoll 7 Linien, in der Breite 8 Zoll 5 Linien.

8. Ein nackter Mann und eine nackte Frau werden von dem Teufel umfaßt, am Boden liegt ein Kind. Der Mann ist dem Beschauer zugewendet und durch ein in der Hand haltendes Schild mit Spitze darunter (vgl. B. Nr. 66) als Krieger gekennzeichnet. Rechts an der Ecke sieht man einen Schweinskopf mit der Glocke unter dem Halse, — hoch 10 Zoll 9 Linien, breit 7 Zoll.

9. Ein Soldat, das Schwert an der Seite, die Lanze in der Hand. Federzeichnung, hoch 11 Zoll 8 Linien, breit 6 Zoll.

10. Eine Frau, welche vor einem Steinsockel kniet, Federzeichnung, hoch 6 Zoll, breit 4 Zoll.

11. Weiß gehöhete Kreidezeichnung auf roth grundirtem Papier, hoch 8 Zoll 6 Linien, breit 6 Zoll 11 Linien, aus den Sammlungen Greffier Fagel und Roscoe. Sie stellt einen jugendlichen weiblichen Kopf, von vorn gesehen, dar.

12. Die berühmte kleine leicht colorirte Zeichnung, früher in den Sammlungen Greffier Fagel, Roscoe und Esdale, welche in England für die letzte Zeichnung Dürer's gehalten wurde.*)

Sie ist nur 4 Zoll 5 Linien hoch und 4 Zoll breit, und stellt unsern Meister in ganzer Figur, nackt bis auf die Schaamtheile, dar. Man sieht an der linken Seite des Unterleibes einen runden gelben Fleck, auf welchen er hinweist. Darüber steht mit Dürer's Hand geschrieben:

„Do der gelb Fleck ist, und mit dem Finger darauff deut Do ist mie web."

Auf der Rückseite dieses Blättchens befindet sich eine alte holländische Inschrift mit einer englischen Uebersetzung darunter, welche besagt, daß da Dürer an der Pest gestorben sei, dieses wahrscheinlich die letzte Zeichnung von ihm wäre. Beides ist unbegründet, doch schreibt Dürer in seinem Tagebuche von der Reise nach den Niederlanden,**) daß ihm zu Antwerpen in der dritten Woche nach Ostern 1521 „eine wunderliche Krankheit überkam, von deren ich nie von keinem Man gehört, und diese Krankheit hob ich noch."

Da er sich hier mit langem Haar und Bart abgebildet hat, wie er solche auf jener Reise getragen, so wird sich diese Zeichnung wahrscheinlich auf die erwähnte Krankheit beziehen und möchte er sie wohl angefertigt haben, um einen entfernten Arzt in Rath zu nehmen.

ad 8. Die Königlich Sächsische **Bibliothek** im Japanischen Palais zu **Dresden** bewahrt einen Schatz Dürer'scher Zeichnungen, welcher bisher fast ganz unbekannt geblieben ist.***) Sie sind dem dort befindlichen Manuscripte Dürer's von dem ersten Buche seiner „vier Bücher von menschlicher Proportion" nebst den dazu gehörigen Federzeichnungen, angebunden. Dieses Manuscript befindet sich in einem Foliobande in braunem Leder, der früher dem Grafen Brühl gehörte und Anno 1730 von dem Magister Nägelein in Nürnberg gekauft war.†)

---

*) Siehe „The Lawrence Gallerie eight Exhibition. London 1836, pag. 8
**) Siehe Campens Reliquien. Nürnberg 1828, pag. 124.
***) Neuerdings hat der Herr Inspector Becker zu Würzburg im Naumann'schen Archiv für die zeichnenden Künste, 4. Jahrgang, 1. Heft, pag. 21, auf diese Zeichnungen aufmerksam gemacht.
†) Albrecht Dürer und seine Kunst, von Dr. G. C. Nagler, München 1837, pag. 57.

Vor den angebundenen Zeichnungen steht der geschriebene Titel: „Varj Skizzi di manu propria di Alberto Durero Pittore Allemanno" und das Dürer'sche Monogramm darunter. Es sind 94 Blatt, fast lauter Federzeichnungen und Studien, welche den Eindruck machen, als wären sie ohne Auswahl aus dem Nachlaß unsers fleißigen Künstlers zusammen gerafft. — Die einzelnen, häufig auf beiden Seiten bezeichneten, Blätter haben eine Höhe von 11 Zoll und eine Breite von 7¹/₂ Zoll, oder sind zu jener Höhe zusammen geklebt. Ein großer Theil sind Vorarbeiten zu Dürer's Werk „der menschlichen Proportionen", welche die Jahreszahlen 1512, 1513 und 1519 tragen, theils Köpfe im Profil von allerlei Form, theils ganze Figuren, wovon einige röthlich angetuscht sind und grüne Schraffirungen zum Hintergrunde haben. Ausserdem sind eine Menge anderer Gegenstände, theils auf besonderen, theils auf denselben Blättern, worauf sich die vorerwähnten Darstellungen befinden, mit der Feder entworfen. Nicht alle haben das Monogramm des Meisters, doch tragen sie sämmtlich den unverkennbaren Stempel der Originalität. Der Reihenfolge nach sind auf

Blatt 1. Drei Köpfe mit der Unterschrift „Weib" und der Jahreszahl 1512, darunter das Monogramm.

Unten ist der Vorgrund einer Landschaft, auf der Rückseite verschiedene Gesichter.

2. Männerköpfe, auf der Rückseite dieselben Köpfe durchgezeichnet.

3. Vier Köpfe, auf der Rückseite dieselben.

4. Fünfzehn verschiedene Profilköpfe, auf der Rückseite dieselben durchgezeichnet.

5. Zwei Hände. Oben eine kleinere, unten eine größere, dazwischen das Monogramm.

6. Eine Hand.

7. Zwei Füße.

8. Zwei Oberbeine, mit einem Fuß und zwei Füße, welche auf der Rückseite durchgezeichnet sind.

9. Ein dreifacher Zirkel, darüber eine Gewandstudie.

10. Sehr schön ausgeführte Studie einer lebensgroßen Hand. Das Blatt ist bezeichnet 9.

11. Sechs karikirte Profilköpfe, auf der Rückseite vier solche Köpfe, zwei in eckige Figuren eingetheilte Köpfe, links die Figur eines heiligen Petrus. Bezeichnet 10.

12. Männliche Figur von drei Seiten, oben die Jahreszahl 1513, unten das Monogramm. Auf der Rückseite ein Bein. Bez. 11.

13. Eine große und eine kleine männliche Figur, von vorn gesehen. Auf der Rückseite dieselben Figuren von hinten gesehen und meisterlich schraffirt. Bez. 12.

14. Männliche Gestalt, von vorn gesehen. Auf der Rückseite zwei ähnliche Gestalten, wovon die eine mit ausgestrecktem Arm. Bez. 13.

15. Männliche Gestalt, von vorn gesehen, ohne Arme, in Zirkel eingetheilt. Bez. 14. Auf der Rückseite dieselbe durchgezeichnet.
16 und 17. Männliche Gestalten, von zwei Seiten gesehen. Bez. 15 und 16. Die zweite durchgezeichnet, beide schraffirt.
18. Eine männliche Figur mit ausgestrecktem Arm. Unten das Brustbild eines alten Mannes mit Hut und Mantel.
19. Männliche Figur von zwei Seiten. Auf der Rückseite dieselbe durchgezeichnet und schraffirt, mit der Jahrszahl 1519. Bez. 28.
20 bis 23. Vier Blatt mit verschiedenen männlichen Figuren.
24 bis 26. Drei Blatt mit ähnlichen Figuren, das eine trägt die Jahrszahl 1519.
27 bis 30. Vier Blatt mit ähnlichen Figuren, von denen das eine mit der Jahrszahl 1513.
31 und 32. Zwei Blatt mit männlichen Figuren, röthlich angetuscht auf grün schattirtem Hintergrunde.
33 bis 36. Vier Blatt männliche Figuren, auf den Rückseiten meist durchgezeichnet und schraffirt.
37. Anlage einer männlichen Figur, links oben Christus, der vor den hohen Priester geführt wird, Federskizze in der Weise der kleinen Holzschnitt-Passion. Bez. 29.
38 und 39. Zwei Blatt mit männlichen Figuren, auf dem einen ist die Jahrszahl 1513.
40. Figur eines Mannes, unten ein Gewandstudium.
41. Zwei männliche Figuren, auf der Rückseite eine jugendliche männliche Figur im Umrisse, umzeichnet mit eleganter durch Bandschleifen verzierter Kleidung.
42. Hände, Beine und ein einzelner Finger im Skelett.
43. Beine.
44. Eine Figur, welche einen Stein in der Hand hält, mit dem Monogramm und der Jahrszahl 1513 darüber. Auf der Rückseite ist dieselbe Figur schraffirt auf schwarzem Hintergrunde.
45. Eine karikirte Figur mit ausgebreiteten Armen, aus lauter Quadraten zusammen gesetzt, darunter steht von Dürer's Hand
„Niklas am Roßmargt."
46 und 47. Zwei Blatt Figuren.
48 bis 51. Vier Blatt menschliche Figuren, in eckige mathematische Formen eingetheilt.
52. Eine dicke weibliche Figur im Umriß, zur Seite eine sitzende Figur, welche etwas, das sie in der Hand hält, aufmerksam betrachtet. Das Monogramm steht unten.
53. Eine sehr dicke weibliche Figur mit der Jahrszahl 1508 und dem Monogramm.
54 bis 62. Neun Blatt weibliche Figuren in Umrissen.

63. Weibliche Figur mit einem wunderlich gewundenen Leuchter, auf welchem sich ein brennendes Licht befindet.

64 und 65. Zwei Kinder in Umrissen.

67. Figur eines sehr dicken Weibes im Profil. Zur Seite rechts Maria mit dem Kinde und einem Engel darüber in Wolken. Leichte Federskizze, unten Studie eines alten Kopfes.

68. Gewandstudie.

69. Säulenstudien. Ein Capital mit ausgeführter Blattverzierung, bez.

65. Auf der Rückseite leichte Studie zu dem Triumphwagen des Kaisers Maximilian mit einem Pferde.

70. Schraffirte Kopfstudie, bez. 66.

71. Schraffirte Figurenstudie, bez. 67.

72. Figurenstudie, darunter zwei karikirte männliche Köpfe im Profil. Auf der Rückseite eine Mutter mit ihrem Kinde in leichten Umrissen.

73. Zirkelstudien, unten eine Gewandstudie, bez. 69. Auf der Rückseite Gewandstudie und Abbildung von Zirkeln mit Stellschrauben.

74. Sieben verschiedene Gewandstudien, bez. 70.

75. Ein schraffirtes Bein. Skizze der Figur eines Königs. Zeichnung des Mannes im Talar und Mütze zu dem Holzschnitt 61 des Werkes der „Underweysung der messung, mit dem zirckel etc.", 4. Buch Q. (Erste Edition von 1525.) Ein aufblickender Kopf. Ein mit Linien eingetheilter Kopf, von vorn gesehen. Bez. 71.

76. Ein König auf dem Thron, mit verschiedenen Figuren umher. Zwei Figuren bringen große Vasen, wie zum Geschenk, herbei. Bez. 72.

77. Studien von Säulen-Capitälen. Eine Gewandstudie. Bez. 73. Auf der Rückseite ein galoppirendes Pferd und andere Pferdestudien.

78. Zwei Krüge, darunter ein colorirter Lindwurm, mit dem Monogramm und der Zahl 7 daneben. Auf der Rückseite mathematische Figuren und eine Felsenlandschaft mit Bäumen. Bez. 74.

79. Ein galoppirendes wildes Schwein mit dem Monogramm darüber. Unten 16 Zirkelschläge, einer über dem andern. Auf der Rückseite die Vorrichtung zum Zeichnen einer Vase. (Dürer's Werk der „Underweysung der messung, mit dem zirckel u. s. w.") 2. Augabe, Blatt Qiij.

80. Ein kleineres Blatt mit zwei Studien zu obigem Zeichnen der Vase, bez. 1514.

Ein großes Blatt, welches ebenfalls zu diesem bei Bartsch unter Nr. 148 aufgeführten Holzschnitt gehört.

Merkwürdig ist: daß Dürer diese schon 1514 entworfene Zeichnung bei der von ihm im Jahre 1525 veranstalteten ersten Ausgabe des betreffenden Werkes nicht benutzt hat und daß solche erst bei der 1538 veranstalteten 2. Ausgabe im Holzschnitt zur Geltung gekommen ist.

Unten auf diesem Blatte ist noch die Studie einer Hand.

81 und 82. Zwei kleine Blätter mit verschiedenen mathematischen Figuren.

83. Studien zu einem Thurm, bez. 77.
84. Architectonische Studien zu Säulen-Capitälen.
85 bis 91. Sieben Blatt mit verschiedenen Krügen und Vasen in Umrissen.
92. Sechs verschiedene verzierte Kelche mit Deckeln — ohne Zweifel Modelle für Goldschmiede — in sehr sauberen Federumrissen.
93. Eine verzierte Deckelschale.
94. Eine flache Schale mit Deckel.

ad 9. In der reichen Königlichen **Bibliothek** zu **München** befindet sich das köstliche Gebetbuch auf Pergament, welches Dürer im Jahre 1515 mit 43 Randzeichnungen verziert hat. — Die Randzeichnungen sind durch die lithographischen Nachbildungen von N. Strixner allgemeiner bekannt geworden; so gelungen diese Nachbildungen auch im Allgemeinen sind, so erreichen sie doch bei weitem nicht die Feinheit der meisterlichen Federführung Dürer's, welche in der mannichfaltigsten Anwendung die höchste Bewunderung erregt.

ad 10. Die **Stadtbibliothek** zu **Nürnberg** ist seit dem Jahre 1835 im Besitz einer Sammlung von Bruchstücken Dürer'scher Manuscripte und Federskizzen, über welche der Herr Inspector Böcker in seinem Aufsatz in dem Archiv für die zeichnenden Künste von Naumann, 4. Jahrgang, 1. Heft, pag. 29 und folgende, Näheres mitgetheilt hat. —
Eine bedeutende Zahl schöner und feiner Federstudien, welche zum größten Theil wie jene Bruchstücke sowohl zu den drei letzten Büchern „von menschlicher Proportion" wie zu „der Underweysung der meßung, mit dem zirckel etc." gehören, sind den Manuscriptblättern angebunden. Die Zeichnungen zu dem 2. bis 4. Buch „von menschlicher Proportion" sind aber höchst lückenhaft und es wird dadurch erklärlich: daß so manche Federzeichnung, zu den in diesem Werke befindlichen Holzschnitten, in den verschiedensten Sammlungen angetroffen wird.

ad 11. Die Zeichnungen der **Ambraser-Sammlung** sind von Heller, pag. 95 bis 97 näher beschrieben, sie zeichnen sich durch die vortrefflichste Erhaltung aus.
Ausser den hier beschriebenen ist noch eine colorirte Zeichnung vorhanden, welche 5 Zoll 8 Linien hoch und 8 Zoll 9 Linien breit den Arion mit der Harfe auf einem Delphin darstellt und die Ueberschrift hat
    PISCE SVPER CVRVO VECTVS CANTABAT ARION.
Die höchst interessanten drei Zeichnungen, welche der 1822 verstorbene Rentmeister Pfaundler in Inspruck der Ambraser-Sammlung vermacht hat

und von Heller pag. 44 und 45 unter 1, 2 und 4 erwähnt werden, sind ebenfalls dem „Kunstbuche" eingefügt und hat die letzte vom Jahre 1525, den Traum darstellend, noch die Merkwürdigkeit, daß der ganze Papierbogen derselben unbeschnitten erhalten ist. Er mißt 16 Zoll 6 Linien in der Höhe und 11 Zoll 3 Linien in der Breite und hat das Wasserzeichen des gekrönten Schildes mit Lilien, Nr. 11.

ad 12. In der Sammlung des **Städel'schen Instituts in Frankfurt a. M.** verdienen unter den Dürer'schen Handzeichnungen eine besondere Beachtung:

Das sehr fein mit der Feder gezeichnete Portrait des Blankfeld, Dürer's Wirth zu Antwerpen, welches der verdienstvolle Inspector Passavant für seine Anstalt in Rom zu erwerben das Glück gehabt hat.

Zwei mit ausserordentlicher Feinheit gezeichnete Studien von Figuren aus Sir Thomas Lawrence's Sammlung.

Die bereits pag. 67 erwähnte Zeichnung, Christus im Oelgarten betend; mit ausgebreiteten Armen in Kreuzesform, auf dem Boden niederliegend, dargestellt. Es ist eine eben so schöne als vortrefflich erhaltene Federzeichnung vom Jahre 1521.

ad 13. Das Königliche **Kupferstich-Cabinet** in **München** hat mehrere Zeichnungen Dürer's, namentlich

1. Die Federzeichnung zu dem Holzschnitt, B. 2, Simson mit dem Löwen, 10 Zoll hoch, 8 Zoll 9 Linien breit.

Der Löwe ist sehr schön, die Zeichnung, ein Bruchstück, nicht frei von Einzeichnung fremder Hand.

2. Ein schöner männlicher Portraitkopf in Kreide, hoch 12 Zoll 6 Linien, breit 10 Zoll 6 Linien.

3. Ein von vorn gesehener Engelskopf auf grün grundirtem Papier, weiß gehöhet, mit dem Monogramm und der Jahrszahl 1508, hoch 9 Zoll 9 Linien, breit 7 Zoll 2 Linien.

ad 14. Das **Kupferstich-Cabinet** zu **Dresden** bewahrt an Zeichnungen unsers Meisters, welche besondere Berücksichtigung verdienen:

1. Die Jungfrau mit dem Kinde in einer Landschaft vor Gebäuden sitzend, vier spielende Engel vor ihr, auf braunem Grunde mit der Feder gezeichnet und auf das Sauberste mit Gold gehöbet, vom Jahre 1509, etwa in der Größe der von Egidius Sadeler gestochenen Maria mit der Eule.

Diese Zeichnung wurde, von Alters her, auf Holz geklebt, unter Glas und Rahmen aufbewahrt; doch ist, da der in dem Holze entstandene Wurmfraß dieses kostbare Kunstwerk zu zerstören anfing, durch die Vorsorge des Directors Professor Gruner das Holz dahinter entfernt, und die Zeichnung gegenwärtig in dem Schaukasten des Handzeichnungs-Cabinets ausgelegt.

Einige scharfe Kenner wollen zwar neuerdings an der Originalität dieser — der Ueberlieferung nach — von Dürer für einen der Herzöge von Sachsen besonders gearbeiteten Zeichnung zweifeln, doch kann ich diese Ansicht nicht theilen, möchte vielmehr den dafür angeführten Mangel an einer gewissen Freiheit der Behandlung, im Vergleich mit mancher anderen flüchtigen Federzeichnung des Meisters, durch die ungemein sorgfältige Ausführung begründet finden, da man Aehnliches manchmal bei den besonders ausgeführten Zeichnungen und Gemälden Dürer's wahrnimmt.

2. Eine sehr schöne Federzeichnung auf weißem Papier vom Jahre 1510. Links ist Christus am Kreuze, in der Mitte Christus als Schmerzensmann stehend, und rechts ein knieender Ritter in voller Rüstung dargestellt, dessen Helm vor ihm am Boden liegt.

3. Die eben so geistreiche als ausdrucksvolle Studie einer schlafenden Frau mit wenigen Strichen der Rohrfeder auf Papier gebracht.

4. Ein sehr eigenthümlicher männlicher Portraitkopf mit Kohle, auf die gewohnte Weise gezeichnet.

Der aufblickende Mannskopf auf sehr blau grundirtem Papier, mit der Feder gezeichnet und weiß gehöht, scheint mir eine Wiederholung ähnlicher Zeichnungen in den Sammlungen des Erzherzogs Albrecht in Wien und des British Museums von nicht zweifelloser Autorschaft zu sein.

ad 15. In dem den Fremden nicht immer zugänglichen Sitzungszimmer der **Academia alla Carità** zu **Venedig**, in welchem die köstlichen Zeichnungen aus Raphaels Skizzenbuche aufbewahrt werden, wird man durch zwei schöne Federzeichnungen von Albrecht Dürer überrascht.

Beides sind frei behandelte Entwürfe von dem Jahre 1514, welche die Jungfrau mit dem Kinde darstellen. Auf dem einen sitzt die Jungfrau in einer Landschaft auf einer Rasenbank, auf dem andern auf einem Stuhl.

ad 16. Die herrliche Sammlung der **Ambrosianischen Bibliothek** in **Mailand** bewahrt, neben den köstlichsten Zeichnungen von Lionardo, Luini u. s. w. auch 14 Zeichnungen von Albrecht Dürer, wovon der größere Theil mit der Feder gezeichnet ist, als

1. Die Himmelfahrt Maria, Entwurf zu dem Holzschnitt aus „unser Frauenleben", B. 94, jedoch mit Abweichungen.

2. Die Dreifaltigkeit, herrliche Zeichnung vom Jahre 1515, kleiner als der Holzschnitt B. 122, in der Composition aber ihm ähnlich.

3. Eine Verspottung Christi.

4. Eine Geisselung Christi.

5. **Christus betet am Oelberge.** — Diese drei letzteren Darstellungen weichen von den bekannten ähnlichen in Dürer's Passionen ab.
6. **Saul,** welcher die Philister mit dem Eselskinnbacken erschlägt, vom Jahre 1510.
7. Eine **Landschaft** mit einem Schloß auf einem Berge, bezeichnet 1516.
8. Ein **Reuter** mit Pfeil und Bogen, colorirte Zeichnung vom Jahre 1517.
9. Ein **Sarazene** zu Pferde mit Pfeil und Bogen.
10. Eine **Nürnberger Hausfrau.**
11. Ein junges artiges vom Markt kommendes **Mädchen** mit einem Korb voll Eier, welches sich lächelnd von einem alten Mann umfassen läßt.
12. Ein **Papagei** in Farben, bezeichnet mit der Jahrszahl 1515.
13. Eine **kahlere Landschaft,** links mit schroffen Felsen. Diese Zeichnung ist nicht bedeutend und möchte vielleicht zweifelhaft sein.
14. Ein großer aufblickender **Engelskopf** auf blau grundirtem Papier vom Jahre 1521 in Kreide gezeichnet und schraffirt. Er erinnert im Ausdruck sehr an den einen von Sadler in Kupfer gestochenen aufblickenden Engelskopf. —

ad 17. In dem neu eingerichteten **Kupferstich-Cabinet** auf der Festung von **Coburg** ist die hervorragend schöne Kreidezeichnung der Anna Kehlingerin im Brustbilde. Sie ist leider etwas angegriffen, gehört sonst unbedingt zu den vorzüglichsten Portraitzeichnungen Dürer's.

ad 18. Das Herzogliche **Museum** in **Braunschweig** hat eine große Sammlung alter Handzeichnungen, welche, nur während der Sommermonate zugänglich, den Kunstfreunden fast gänzlich unbekannt sind.

Unter den altdeutschen befinden sich mehrere dem Albrecht Dürer zugeschriebene Blätter. Schön ist davon der Portraitkopf eines alten Mannes in Kreide, sowie eine ausserordentlich feine Federzeichnung zu dem Werke „von menschlicher Proportion", eine männliche Figur von vorn und von der Seite gesehen darstellend, auf schraffirtem Grunde und mit der Jahrszahl 1512 bezeichnet, welche beide der berüchtigte Denon seiner Zeit der Entführung nach Paris werth hielt, von wo sie erst im Jahre 1815 zurückgekommen sind.

ad 19. Auf der **Bibliothek** der Universität **Erlangen** ist erst seit Kurzem durch die Sorgfalt des gegenwärtigen Bibliothekars Professor Rössler ein bis dahin ganz unbekannt gewesener eben so zahlreicher als kostbarer Schatz von Handzeichnungen der berühmtesten altdeutschen Meister, welche seit 1679 in dem Cabinet der Markgrafen von Anspach gewesen, hervorgezogen und den Kunstfreunden zugänglich geworden. Unter diesen befinden sich auch 22 Zeichnungen Albrecht Dürer's*), nämlich:

1. Das Bildniß des Kaisers Maximilian**) in Wasserfarben, hoch 7 Zoll 9 Linien, breit 5 Zoll 8 Linien.

2. Das Brustbild eines bärtigen Mannes, Federzeichnung auf blauem Grunde, hoch 7 Zoll 1 Linie, breit 5 Zoll 9 Linien.

3. Die Gefangennehmung Christi, sehr feine und sorgfältige Federzeichnung, hoch 6 Zoll 6 Linien, breit 5 Zoll 7 Linien.

4. Die Liebes-Anerbietung, Federzeichnung auf rothem Grunde mit der Jahrszahl 1503, ähnlich dem Kupferstiche Dürer's, B. 93, hoch 5 Zoll 9 Linien, breit 5 Zoll 6 Linien.

5. Der sitzende Ecce homo in Wasserfarben, hoch 8 Zoll, breit 5 Zoll 9 Linien.

(Der von Heller, pag. 843, Nr. 25, beschriebene Stich des Theodor Krüger vom Jahre 1614 scheint nach dieser Zeichnung gearbeitet.)

6. Brustbild eines jungen Mannes, weiß gehöhete Zeichnung in bläulich grauer Wasserfarbe, hoch 12 Zoll 7 Linien, breit 9 Zoll 7 Linien.

Das Monogramm Dürer's steht links unten und nach einer alten schriftlichen Bemerkung auf der Rückseite, ist es eine von unserm Meister gezeichnete Copie nach Titian.

7. Ein weiblicher nach links gewandter Kopf mit halb geschlossenen Augen in bläulich grauer Wasserfarbe, wie die vorhergehende Zeichnung, hoch 5 Zoll 10 Linien, breit 5 Zoll 4 Linien.

8. Christus am Oelberge, weiß gehöhete Federzeichnung auf braunem Grunde, vom Jahre 1508, hoch 7 Zoll 7 Linien, breit 4 Zoll 10 Linien.

9. Maria mit dem Kinde an der Brust, auf einem Tische rechts liegt ein Nagel. Zeichnung mit Kreide und Feder auf gelblichem Papier, hoch 14 Zoll 2 Linien, breit 11 Zoll 4 Linien.

10. Die Jungfrau sitzend, das gewickelte Kind an den Mund drückend. Federzeichnung, fast nur in Umrissen, hoch 11 Zoll 3 Linien, breit 7 Zoll 8 Linien.

11. Die Geburt Christi. Links die Hirten, rechts tritt Joseph mit einer Laterne durch die Thür einer verfallenen Mauer, ausgeführte Federzeichnung, hoch 7 Zoll, breit 6 Zoll 2 Linien.

12. Die Geisselung Christi, leichte Federzeichnung vom Jahre 1523, hoch 10 Zoll 7 Linien, breit 5 Zoll 10 Linien.

13. Die Verspottung Christi, Gegenstück der vorigen, von gleicher Größe und gleicher Behandlung, vom Jahre 1524.

---

*) Diese Notizen verdanke ich der besonderen Gefälligkeit des Herrn Professors Rössler, da ich durch ungünstige Zufälligkeiten bisher verhindert gewesen bin, den kostbaren Schatz von Zeichnungen selbst kennen zu lernen.

**) Vgl. Dr. A. von Eye Leben und Wirken Albrecht Dürer's, pag. 387.

14. Die Marter einer Heiligen, fleißige Federzeichnung vom Jahre 1503, hoch 7 Zoll 4 Linien, breit 5 Zoll 10 Linien.
15. Die Marter derselben Heiligen, Gegenstück der vorigen, und gleich in Größe und Behandlung, vom Jahre 1503.
16. Die heilige Catharina sitzend, hoch 10 Zoll 3 Linien, breit 6 Zoll 2 Linien. Auf der Rückseite des Blattes ist eine Kreidezeichnung, welche eine sitzende Heilige mit einem Einhorn darstellt.
17. Der heilige Christoph mit dem Christkinde, leichte Federzeichnung, hoch 7 Zoll, breit 4 Zoll 2 Linien, auf der Rückseite befindet sich die Jahrzahl 1508.
18. Der heilige Hieronymus im bischöflichen Ornat sitzt am Pulte vor einem mit aufgeschlagenen Büchern belegten Tische. Leicht getuschte Federzeichnung von geschweifter ovaler Form, hoch 12 Zoll 4 Linien, breit 11 Zoll 6 Linien. Der Rand ist mit abentheuerlichen Thier- und Pflanzengestalten verziert.
19. Ein Bischof mit einem Stabe, Gürtelbild, von Säulen umschlossen. Rechts eine nackte Frau mit einer Geige, links ein gehörnter Mann mit einer Sackpfeife. Sorgfältig ausgeführte Federzeichnung, hoch 6 Zoll 7 Linien, breit 7 Zoll 9 Linien.
20. St. Georg zu Pferde, in voller Rüstung mit entblößtem Schwerte dem Drachen entgegenspringend. Federzeichnung vom Jahre 1513, hoch 3 Zoll 10 Linien, breit 5 Zoll 9 Linien.
21. Männliche Figur zu dem Werke „von menschlicher Proportion", auf beiden Seiten des Blattes gezeichnet, mit Maßen und Zahlen, Federzeichnung, hoch 8 Zoll 11 Linien, breit 3 Zoll 5 Linien.
22. Ein Schiff mit gespannten Segeln, vom Jahre 1515, hoch 6 Zoll 5 Linien, breit 4 Zoll 8 Linien.

Was nun das Material betrifft, dessen Dürer sich zu seinen Zeichnungen bediente, so ist solches von der verschiedensten Beschaffenheit und der großen Mannichfaltigkeit der Behandlung entsprechend, welche derselbe bei seinen Entwürfen, Studien oder ausgeführten Zeichnungen in Anwendung brachte.

Einzelne mit höchster Sorgfalt beendigte Zeichnungen, namentlich die in Farben ausgeführten köstlichen Abbildungen von Pflanzen, Blumen und Thieren, sind auf einem feinen Pergament.

Zu den mit einem Metallstift (in Dürer's Tagebuch Stefft genannt) gearbeiteten, oft besonders schönen und feinen Zeichnungen, verwandte er ein starkes präparirtes Papier (nicht, wie Heller erwähnt, Pergament), welches etwas ins röthliche scheint und dessen Drathstriche gewöhnlich einen Abstand von 12½ Linien haben.

Der größere Theil der auf uns gekommenen Zeichnungen dieser Art, deren Striche häufig eine grünliche Farbe haben, rührt augenscheinlich aus einem Skizzenbuche in Querformat von mäßiger Größe her, welches unser Meister auf seiner Reise nach den Niederlanden benutzte: um das ihm besonders merkwürdige von Gegenden, Gebäuden, Thieren und sonstigen Gegenständen, auch einzelne kleine Bildnisse, hinein zu zeichnen. Manche Blätter sind auf beiden Seiten zu Zeichnungen benutzt, diese nicht immer mit dem Monogramm versehen, doch ist die Hand Dürer's unverkennbar.

Die sonstigen leichten Entwürfe und Federzeichnungen findet man häufig auf einem weißen, sehr festen, fast rauhen Papier, dessen Dürer sich auch zu seinen Handschriften bediente. Das Format desselben ist klein Folio und der zusammen geschlagene Bogen mißt in der Höhe 10½, bis 11, in der Breite 7½, Zoll. Man sieht darin die Wasserzeichen eines Cardinalhuts und eines Einhorns, wie solche bei Sotheby*) auf Platte U, Nr. 74, und Platte Y, Nr. 82, abgebildet sind, oder einer dreizackigen Gabel, Nr. 32ª. Letzteres kommt sehr häufig vor und schon in den Jahren 1507 und 1508.

Sonst verwandte Dürer zu seinen Federzeichnungen manche der bei dessen Kupferstichen oder Holzschnitten vorkommenden Papiere, namentlich diejenigen mit den Wasserzeichen
des Ochsenkopfes Nr. 1 und 2,
des gothischen p Nr. 3, dieses noch 1521,
der hohen Krone N. 4 und 21,
des Ankers im Kreise Nr. 7,
der Wage im Kreise Nr. 22,
des Kruges mit Henkel Nr. 10,
des Wappens mit den Lilien Nr. 11, dieses jedoch erst in den letzten Lebensjahren 1525, 1526 und 1528,
des stehenden Hundes Nr. 13,
der kleinen hohen Krone Nr. 36, letzteres nicht vor 1523.

Einzeln trifft man auch sonst ungewöhnliche Wasserzeichen, als: eine Krone mit Strich und dreieckter Spitze darunter, ein Rad mit gekrümmten Zacken, eine gekrönte Schlange; ein einziges Mal habe ich auch das Wappen von Augsburg, Nr. 18, angetroffen.

Bei den zahlreichen größeren Portrait-Skizzen in Kohle und Kreide, welche von Dürer's niederländischer Reise herstammen, findet man in den Papieren vorzugsweise das Wasserzeichen der hohen Krone, Nr. 4, jedoch auch des Ankers im Kreise, Nr. 7, und des stehenden Hundes, Nr. 13.

Zu den ausgeführten, oft angetuschten und weiß gehöheten Studien und Zeichnungen verwandte Dürer Papier mit farbigem Grunde.

---

*) The Typography of the fifteenth Century. London 1845.

Während seines Aufenthaltes in Venedig in den Jahren 1506 und 1507 gebrauchte er dazu ausschließlich ein blau geschöpftes Papier, welches als Wasserzeichen den Anker im Kreise hat und auch von gleichzeitigen italienischen Künstlern benutzt zu werden pflegte*). Es ist dasselbe, auf welchem später Antonio da Trento seine Holzschnitte in Clair obscur abdruckte.

Dieses Papier trifft man bei Dürer vor oder nach der italienischen Reise niemals, und er gebrauchte sonst zu solchen Zeichnungen ein besonders starkes weißes Papier, in dem man oft das Wasserzeichen der hohen Krone sieht, und welches er auf einer Seite mit einem grauen, bläulichen, grünlichen oder schwarzen, zuweilen auch mit einem rothen oder bräunlichen Farbengrunde überzog. —

*) Dürer'sche Zeichnungen auf diesem Papier sind namentlich:
In der Sammlung des Erzherzogs Albrecht in Wien; Heller, pag. 98, Nr. 86, 93, 94, 100, 101 und 107 vom Jahre 1506; Nr. 69 vom Jahre 1507.
In der Kunsthalle zu Bremen; Heller, pag. 122; Nr. 8 und 11 vom Jahre 1506.
In der Sammlung des Verfassers; drei vom Jahre 1506, wovon 2 früher in der Sammlung des Sir Thomas Lawrence in London, eine in der des Professors Böhm in Wien waren.

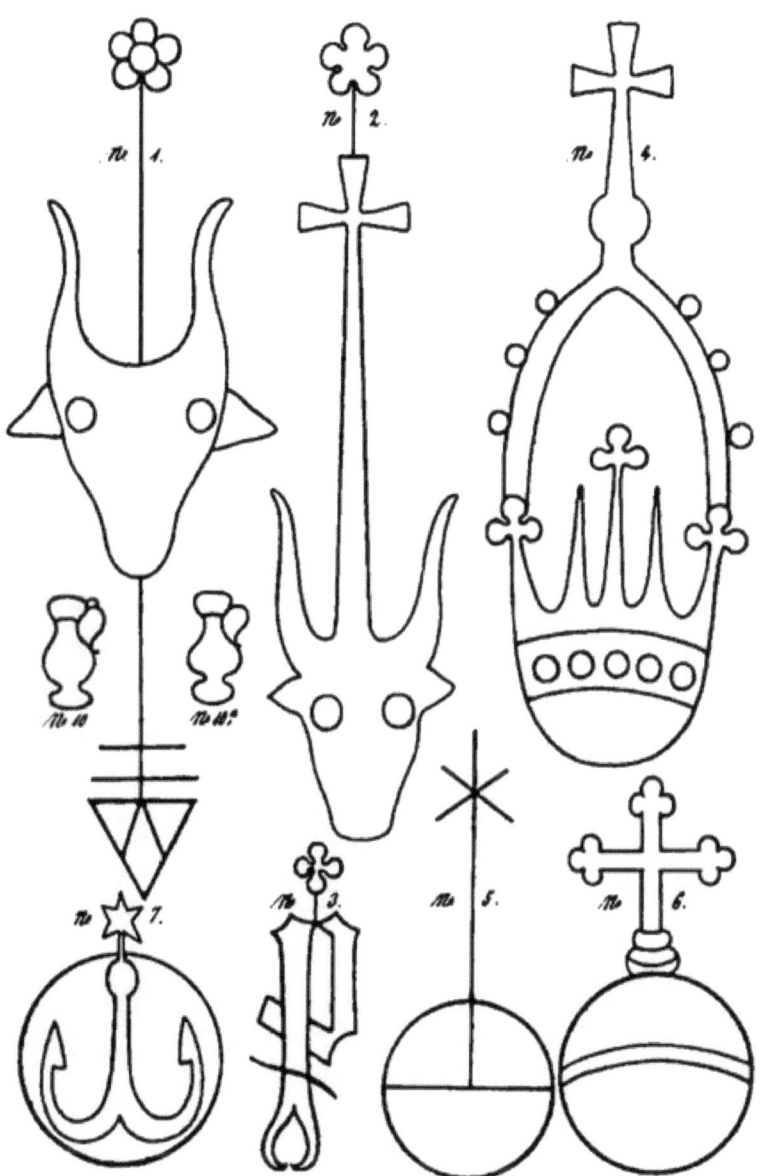

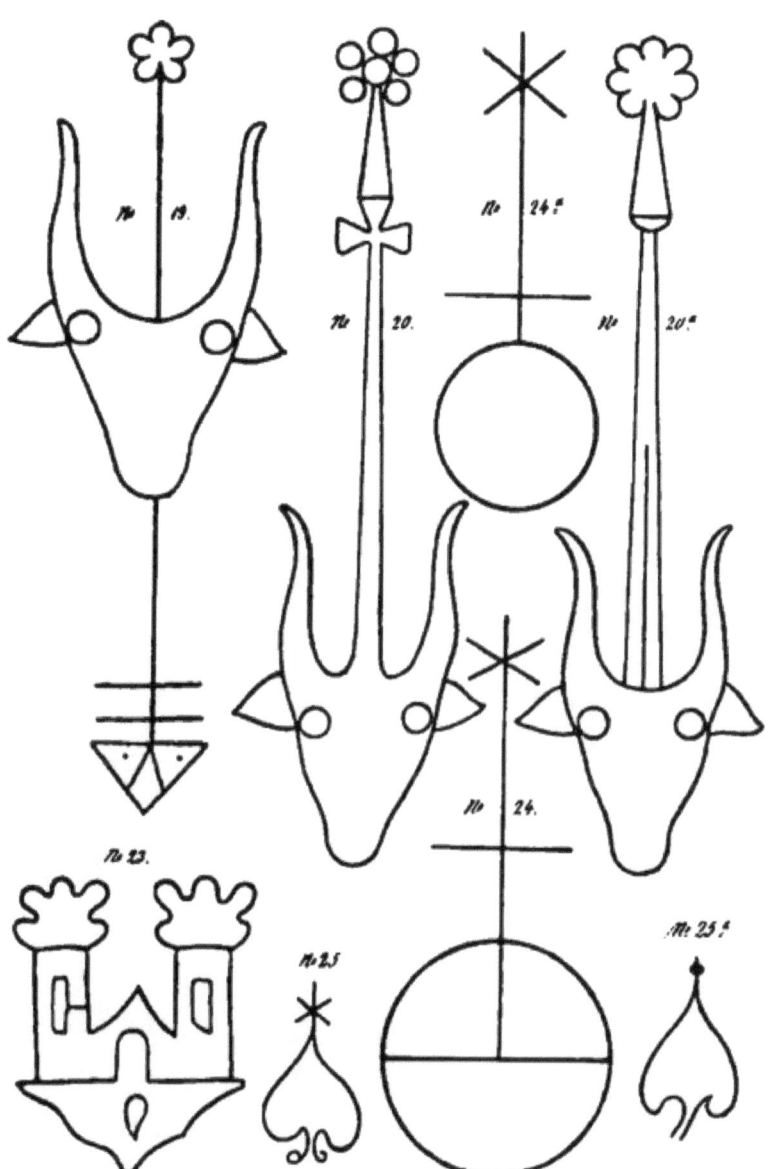

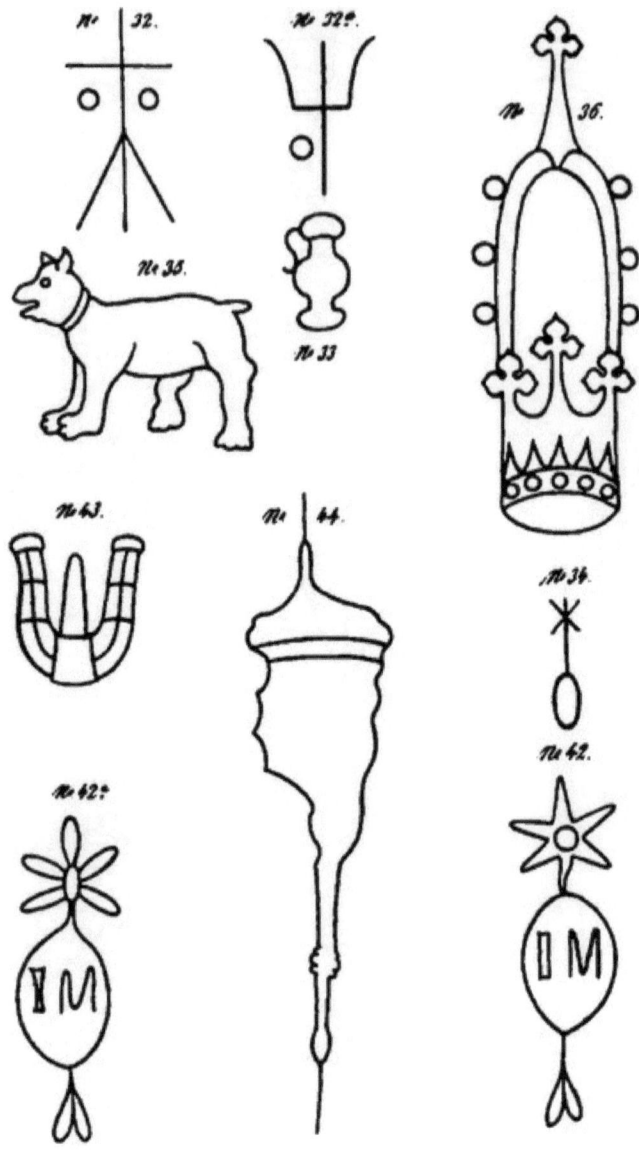

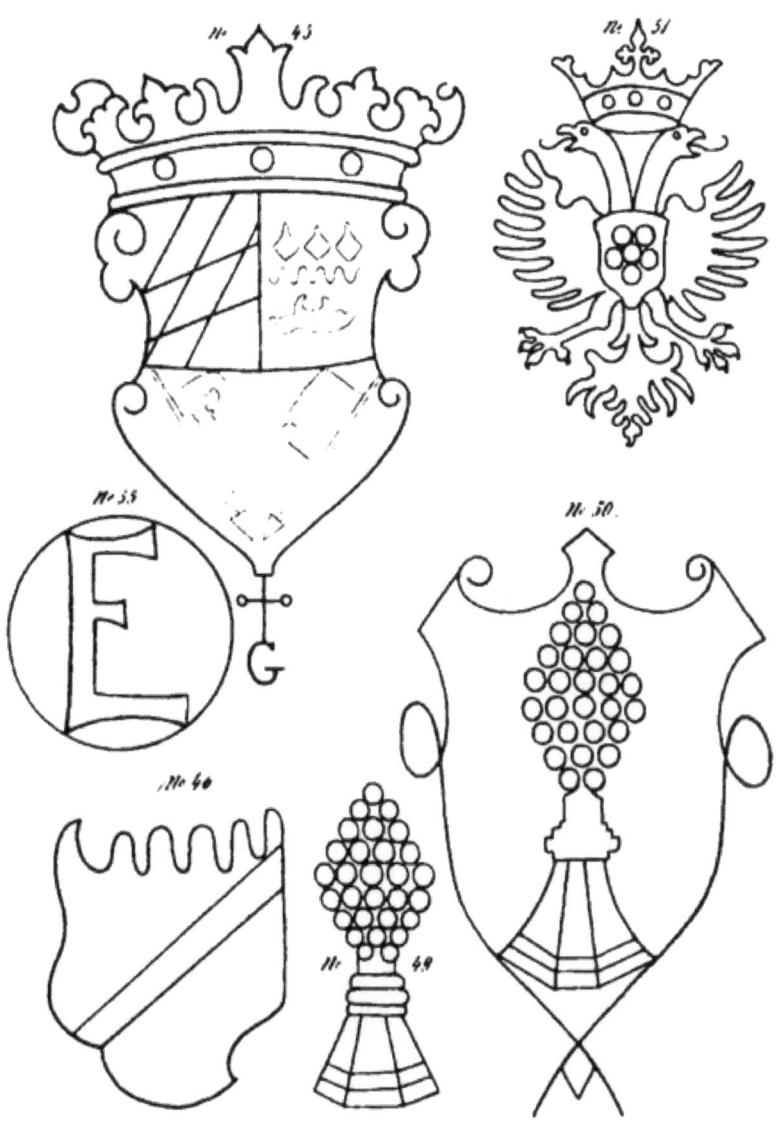

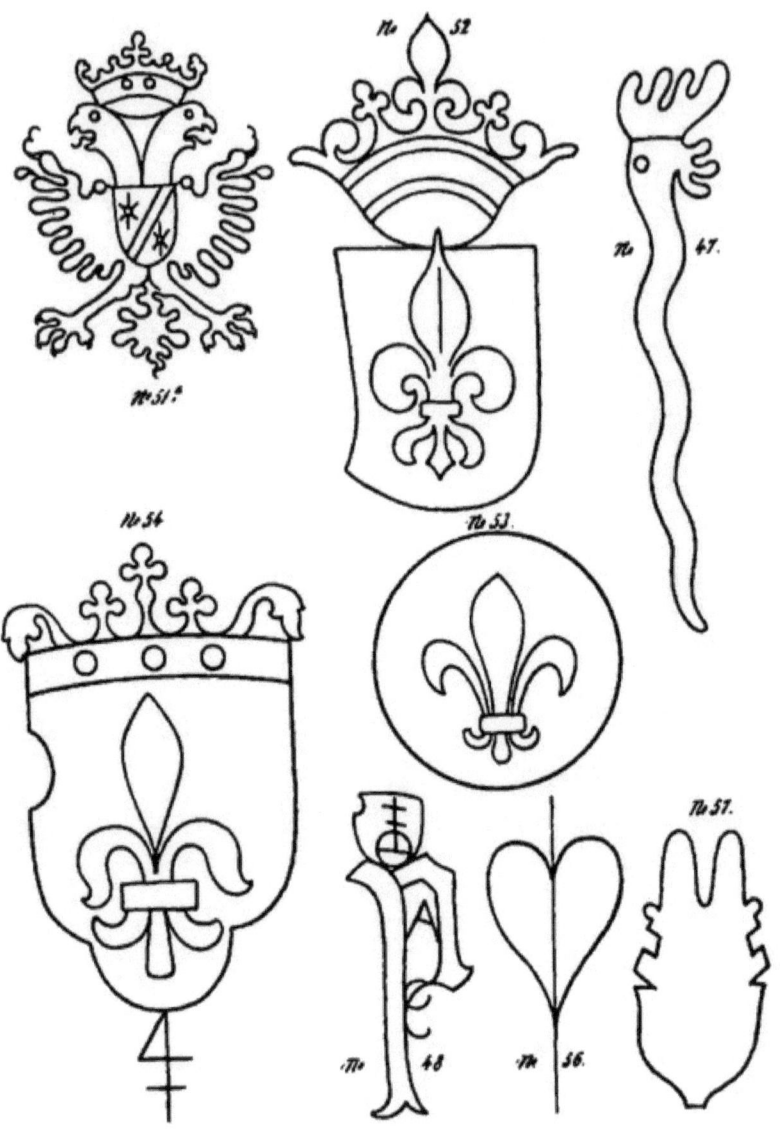